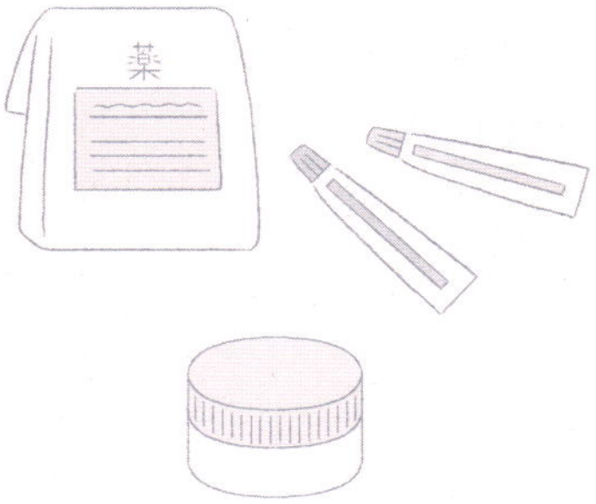

はじめに

みなさんは、毎日《まいにち》、どんなことに気《き》をつけて生活《せいかつ》していますか？

病気《びょうき》にならないことですか？

交通事故《こうつうじこ》にあわないことですか？

犯罪《はんざい》にまきこまれないことですか？

どれもすばらしい心《こころ》がけです。このように、私《わたし》たちのまわりには、様々《さまざま》な危険《きけん》があります。

そして、ふだんはなかなか起《お》きないことでも、ひとたび起《お》きてしまうと、自分《じぶん》だけでなく、みんなの命《いのち》と生活《せいかつ》をうばう危険《きけん》があるのが「震災《しんさい》」です。

この本《ほん》には「地震《じしん》が起《お》きる前《まえ》にどう備《そな》える？」かがまとめられています。何《なに》が危険《きけん》なのかをしっかり知《し》って、震災《しんさい》から自分《じぶん》の身《み》を守《まも》りましょう。

木村玲欧《きむられお》

兵庫《ひょうご》県立大学《けんりつだいがく》環境人間学部《かんきょうにんげんがくぶ》 教授《きょうじゅ》

内閣府《ないかくふ》・防災教育《ぼうさいきょういく》チャレンジプラン実行委員会《じっこういいんかい》 委員長《いいんちょう》

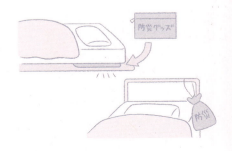

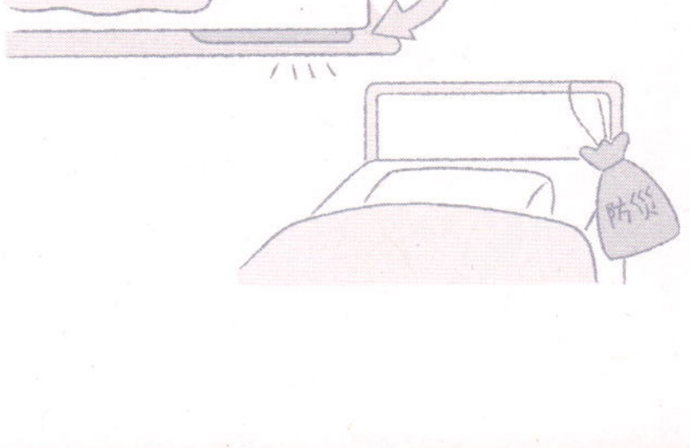

1巻 地震前にどう備える？

明日のキミを震災から守る10の質問

監修
木村玲欧
兵庫県立大学 教授
内閣府・防災教育
チャレンジプラン実行委員会 委員長

Gakken

もくじ

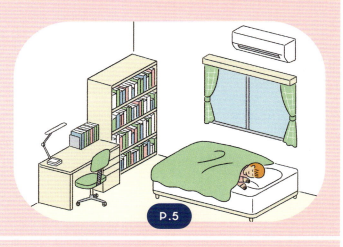

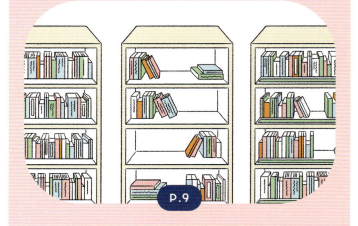

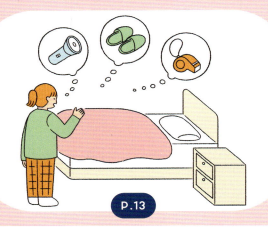

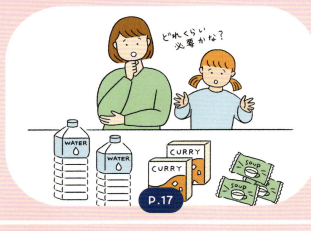

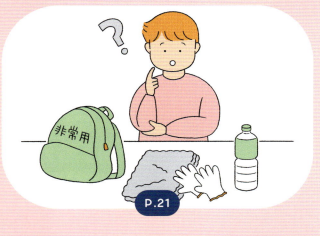

Q6 公衆電話《こうしゅうでんわ》を使《つか》うときは、はじめに何《なに》をする?

P.25

Q7 自分《じぶん》の音声《おんせい》を家族《かぞく》に残《のこ》せる「災害用伝言《さいがいようでんごん》ダイヤル」の番号《ばんごう》は?

P.29

Q8 地震《じしん》のとき、通学路《つうがくろ》で危《あぶ》ないのはどこ?

P.33

Q9 地震《じしん》が起《お》きた! どこにひなんすればよい?

P.37

Q10 津波《つなみ》はどれくらいから危険《きけん》?

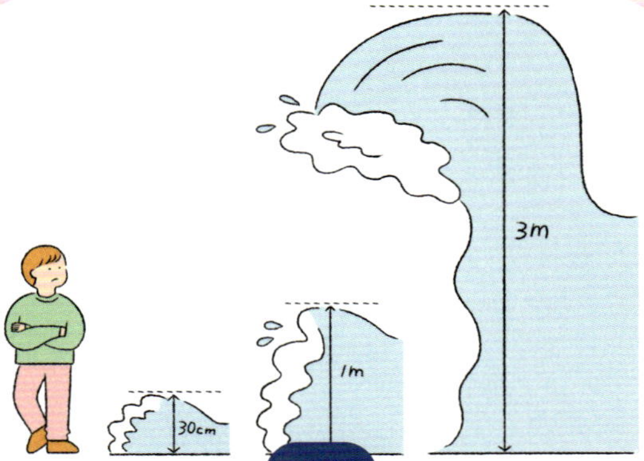

P.41

調《しら》べて、やってみよう!

非常用《ひじょうよう》持《も》ち出《だ》し袋《ぶくろ》を用意《ようい》しよう

P.45

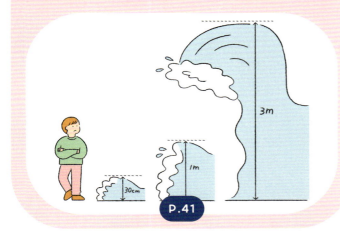

この本《ほん》の使《つか》い方《かた》

この本《ほん》は、Q&A形式《けいしき》で地震前《じしんまえ》にどう備《そな》えるべきかについて学《まな》ぶものです。
クイズ感覚《かんかく》で楽《たの》しみながら読《よ》んでみてください。

Q1 地震のとき、この部屋のどこが危険？

危険に備えて家を整えよう

家具の下じきにならない

地震が起きたときに、家具の下じきにならないかどうかを考えましょう。寝室にはなるべく背の高い家具や本だなを置かず、重いものは低い位置に置きます。また、カラーボックスなどを家具の上に重ねると落下の危険があるので、さけた方がよいでしょう。

早めに備える、

にげ道をふさがない

家具の配置でもうひとつ大事なのは、にげ道をふさがないことです。いつでも安全にひなんできるよう、玄関まわりや出入り口、廊下には、大きな家具や荷物を置かないようにします。

部屋の整理整とんをする

大地震が起こると部屋の中のものが動いたり、ぶつかったりして危険です。ガラスや陶器の置きものが割れて、破片をふむと、けがをしてひなんできなくなることもあります。割れやすいものはしまい、いらないものは捨てて、ふだんから部屋を整理しておきましょう。

地震に強い自分の部屋をつくろう

この部屋で地震が起きたときに危険なところは、「1窓ぎわにベッドが置いてある」「2頭の上にエアコンがある」「3ベッド方向にたおれてきそうな本だながある」の3つです。

このままだと、地震で窓ガラスが割れたとき、破片が降ってくるかもしれません。また、ねているときにエアコンが頭に落ちてきたり、ベッドのそばの本だなが自分の方にたおれてきたりする可能性もあります。

このような危険をさけるために、次のことを行うとよいでしょう。

- 窓ガラスに飛散防止フィルムをはる
- 大きな家具・家電の近くにベッドを置かない
- 家具はつっぱり棒（天井と家具を固定するもの）やL字金具（かべと家具を固定するもの）で固定する
- 重いものは下、軽いものは上に置く

また、勉強机のような、しっかりしたつくりの机の下にはあまりものを置かず、地震のときに、にげこめるスペースをつくっておきましょう。

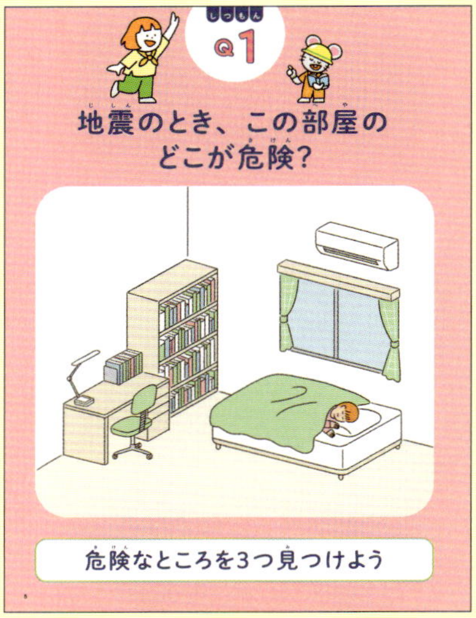

「こたえ」のあとのページでは、関連《かんれん》する内容《ないよう》を学《まな》べるよ！

自分がねていた布団の上に、人形ケースなどが落ちてきた経験から、寝室にはタンスや人形ケースなどを置かないようにしています。

被災体験者《ひさいたいけんしゃ》の声《こえ》からも学《まな》ぼう。

こたえ A ページ

ページをめくると「こたえ」があるよ。考《かんが》えたことと合《あ》っているか確認《かくにん》しよう。

しつもん Q ページ

あなたに「しつもん」！ 自分《じぶん》がその状況《じょうきょう》に置《お》かれたことをイメージして、正解《せいかい》を考《かんが》えよう。

キャラクター紹介《しょうかい》

震災《しんさい》っていつ起《お》きるか
わからないから
必要《ひつよう》なことを
知《し》っておきたいな

興味《きょうみ》を持《も》ってくれて
うれしいよ。
いっしょに楽《たの》しく
学《ま》んでいこう！

そなえちゃん

好奇心《こうきしん》いっぱいで明《あか》るい。大《おお》きな震災《しんさい》を経験《けいけん》したことはないが、いざというときに役立《やくだ》つよう学《まな》びたいと考《かんが》えている。

チューイくん

物知《ものし》りで防災《ぼうさい》にくわしい。いつもヘルメットをかぶって緊急時《きんきゅうじ》に備《そな》えている。防災《ぼうさい》の大切《たいせつ》さを人々《ひとびと》に伝《つた》えたいと思《おも》っている。

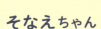

しつもん

Q1

地震《じしん》のとき、この部屋《へや》のどこが危険《きけん》？

危険《きけん》なところを3つ見《み》つけよう

こたえ A

③本《ほん》だな
②エアコン
①窓《まど》ガラス
わあ！
たいへんだ！

地震《じしん》に強《つよ》い 自分《じぶん》の部屋《へや》をつくろう

この部屋《へや》で地震《じしん》が起《お》きたときに危険《きけん》なところは、①「窓《まど》ぎわにベッドが置《お》いてある」②「頭《あたま》の上《うえ》にエアコンがある」③「ベッド方向《ほうこう》にたおれてきそうな本《ほん》だながある」の3つです。

このままだと、地震《じしん》で窓《まど》ガラスが割《わ》れたとき、破片《はへん》が降《ふ》ってくるかもしれません。また、ねているときにエアコンが頭《あたま》に落《お》ちてきたり、ベッドのそばの本《ほん》だなが自分《じぶん》の方《ほう》にたおれてきたりする可能性《かのうせい》もあります。

このような危険《きけん》をさけるために、次《つぎ》のことを行《おこな》うとよいでしょう。

- 窓《まど》ガラスに飛散防止《ひさんぼうし》フィルムをはる
- 大《おお》きな家具《かぐ》・家電《かでん》の近《ちか》くにベッドを置《お》かない
- 家具《かぐ》はつっぱり棒《ぼう》（天井《てんじょう》と家具《かぐ》を固定《こてい》するもの）やL字金具《エルじかなぐ》（かべと家具《かぐ》を固定《こてい》するもの）で固定《こてい》する
- 重《おも》いものは下《した》、軽《かる》いものは上《うえ》に置《お》く

また、勉強机《べんきょうづくえ》のような、しっかりしたつくりの机《つくえ》の下《した》にはあまりものを置《お》かず、地震《じしん》のときに、にげこめるスペースをつくっておきましょう。

危険《きけん》に備《そな》えて家《いえ》を整《ととの》えよう

家具《かぐ》の下《した》じきにならない

地震《じしん》が起《お》きたときに、家具《かぐ》の下《した》じきにならないかどうかを考《かんが》えましょう。寝室《しんしつ》にはなるべく背《せ》の高《たか》い家具《かぐ》や本《ほん》だなを置《お》かず、重《おも》いものは低《ひく》い位置《いち》に置《お》きます。また、カラーボックスなどを家具《かぐ》の上《うえ》に重《かさ》ねると落下《らっか》の危険《きけん》があるので、さけた方《ほう》がよいでしょう。

早《はや》めに備《そな》える、
にこしたことは
ないね

にげ道《みち》をふさがない

家具《かぐ》の配置《はいち》でもうひとつ大事《だいじ》なのは、にげ道《みち》をふさがないことです。いつでも安全《あんぜん》にひなんできるよう、玄関《げんかん》まわりや出入《でい》り口《ぐち》、廊下《ろうか》には、大《おお》きな家具《かぐ》や荷物《にもつ》を置《お》かないようにします。

部屋《へや》の整理整《せいりせい》とんをする

大地震《おおじしん》が起《お》きると部屋《へや》の中《なか》のものが動《うご》いたり、ぶつかったりして危険《きけん》です。ガラスや陶器《とうき》の置《お》きものが割《わ》れて、破片《はへん》をふむと、けがをしてひなんできなくなることもあります。割《わ》れやすいものはしまい、いらないものは捨《す》てて、ふだんから部屋《へや》を整理《せいり》しておきましょう。

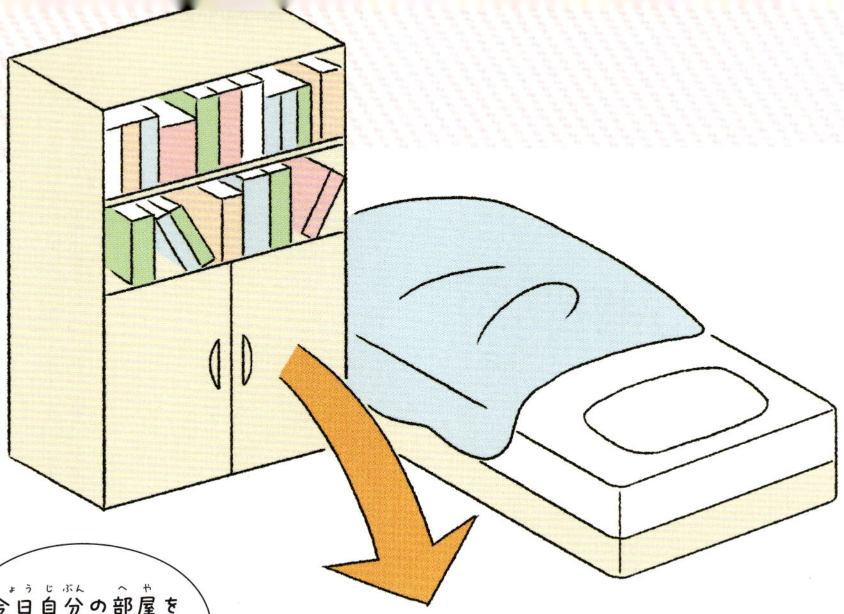

家具《かぐ》のたおれる方向《ほうこう》を考《かんが》えよう

地震《じしん》によるけがの多《おお》くは、家具《かぐ》がたおれたり、ものが落《お》ちてきたりすることが原因《げんいん》です。家具《かぐ》はしっかりと固定《こてい》し、置《お》き場所《ばしょ》を見直《みなお》しましょう。ベッドは家具《かぐ》の高《たか》さ分《ぶん》より遠《とお》くに置《お》くか、家具《かぐ》がたおれてこない方向《ほうこう》に置《お》くとよいでしょう。

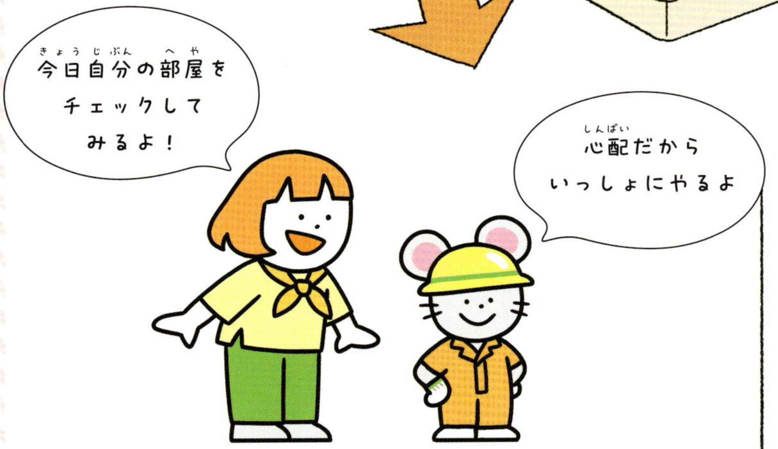

ピアノが動《うご》くことも

ピアノは、キャスター付《つ》きのものが多《おお》いので、ストッパーをつけて地震《じしん》のときに動《うご》かないようにしましょう。また、アップライトピアノは前《まえ》にも後《うし》ろにもたおれる可能性《かのうせい》があります。できれば寝室《しんしつ》には置《お》かないか、ねるところから大《おお》きくはなしておきましょう。

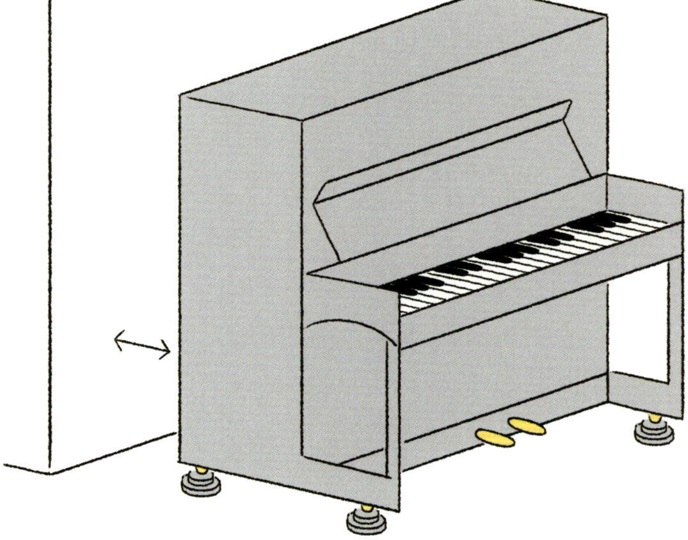

体験者《たいけんしゃ》の声《こえ》

自分《じぶん》がねていた布団《ふとん》の上《うえ》に、人形《にんぎょう》ケースなどが落《お》ちてきた経験《けいけん》から、寝室《しんしつ》にはタンスや人形《にんぎょう》ケースなどを置《お》かないようにしています。

地震《じしん》が起《お》きたあと、自分《じぶん》のねている部屋《へや》を確認《かくにん》すると、ベッドにテレビと冷蔵庫《れいぞうこ》がたおれてきていました。家具《かぐ》の配置《はいち》には注意《ちゅうい》が必要《ひつよう》です。

しつもん

Q2

部屋《へや》にある本《ほん》だな、地震《じしん》に備《そな》えてどんな準備《じゅんび》をするとよい？

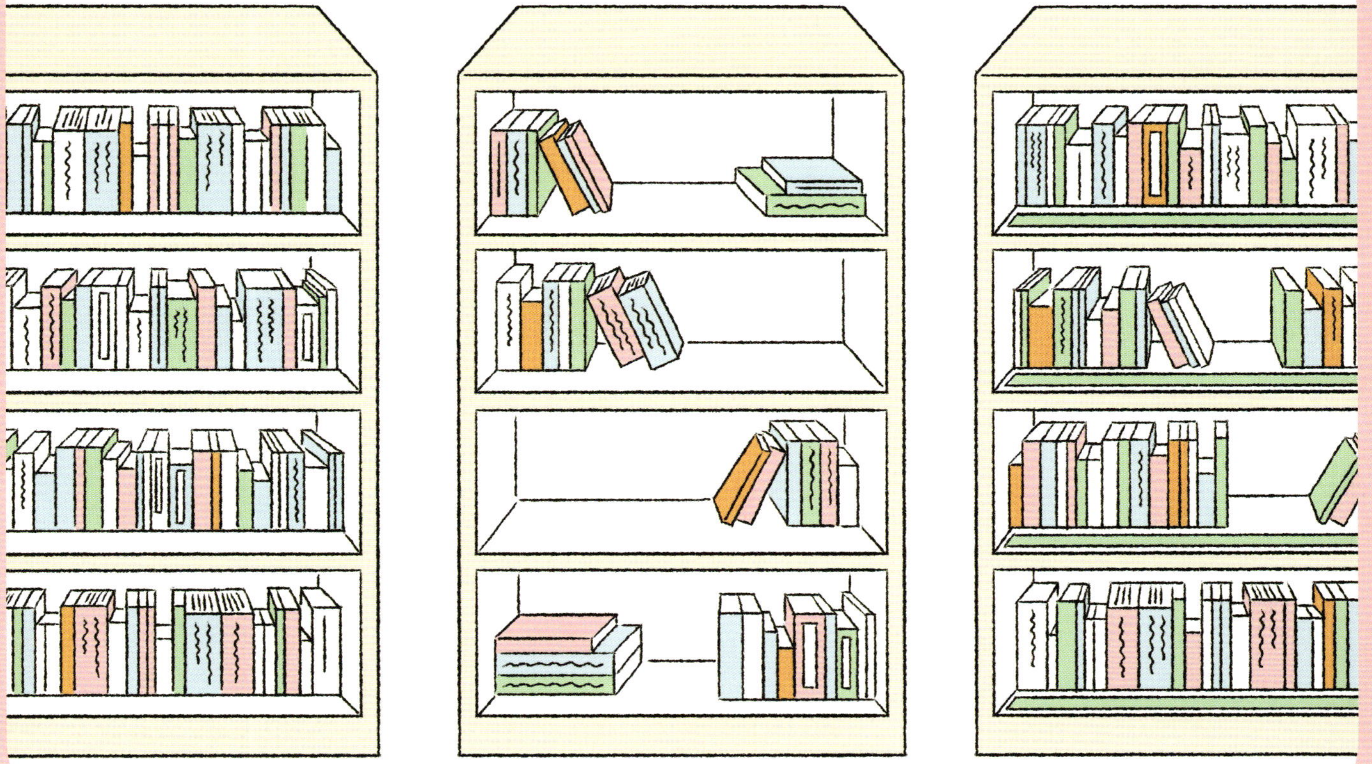

1

ぎっしり
つめておく

2

少《すこ》し余裕《よゆう》が
あるようにしておく

3

本《ほん》の落下防止《らっかぼうし》
テープをはる

A

3 本《ほん》の落下《らっか》防止《ぼうし》テープをはる

前面《ぜんめん》に落下防止《らっかぼうし》テープをはり、重《おも》い本《ほん》は本《ほん》だなの下段《げだん》にしまおう

3の「本《ほん》の落下防止《らっかぼうし》テープをはる」が最《もっと》も適切《てきせつ》といえるでしょう。大地震《おおじしん》が起《お》きると、本《ほん》だなの本《ほん》が飛《と》び出《だ》して、けがをする危険《きけん》があります。ゆかに散《ち》らばった本《ほん》が、ひなんのじゃまになることも考《かんが》えられます。落下防止《らっかぼうし》テープとは、たなの前面《ぜんめん》にはると、中《なか》の本《ほん》が落《お》ちにくくなるテープです。図書館《としょかん》などで使《つか》われていることもあるので、チェックしてみてください。

1のように、本《ほん》を「ぎっしりつめておく」と、落《お》ちにくくなるかもしれませんが、たなの上部《じょうぶ》につめこみすぎると重心《じゅうしん》が高《たか》くなり、不安定《ふあんてい》になります。本《ほん》をしまうときは、重《おも》い本《ほん》を下《した》の段《だん》に、軽《かる》い本《ほん》を上《うえ》の段《だん》にしまう方《ほう》が安定《あんてい》します。2のように「少《すこ》し余裕《よゆう》があるようにしておく」と、小《ちい》さな地震《じしん》でも本《ほん》が落《お》ちやすくなってしまいます。

さらに、本《ほん》だながたおれるのを防《ふせ》ぐため、家具《かぐ》がたおれたり、動《うご》いたりしないようにする家具固定器《かぐこていき》や、家具《かぐ》がすべらないようにするジェルマットなどで固定《こてい》しておくとよいでしょう。

落下《らっか》と転倒《てんとう》を防《ふせ》ぐ部屋《へや》づくり

● ベッドまわり

落《お》ちてくるものをかべにかけない

あしのあるタイプのベッドは、あしに粘着《ねんちゃく》マットなどのすべり止《ど》めをつけるようにします。ベッド近《ちか》くのかべには、額《がく》ぶちやかべかけ時《ど》計《けい》など、地震《じしん》のときに落《お》ちてくるものをかけないようにしましょう。

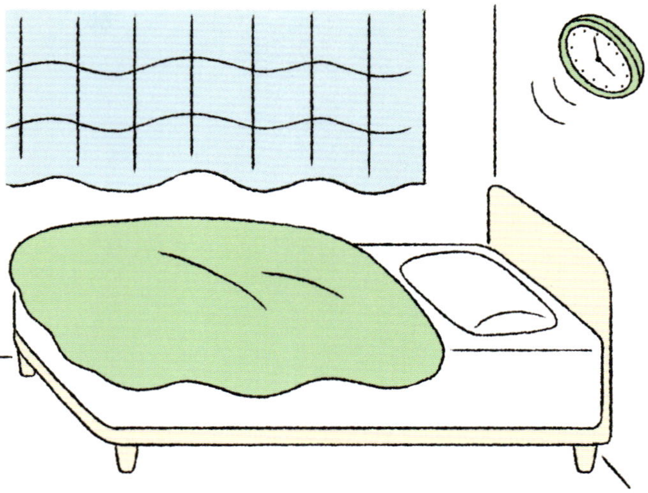

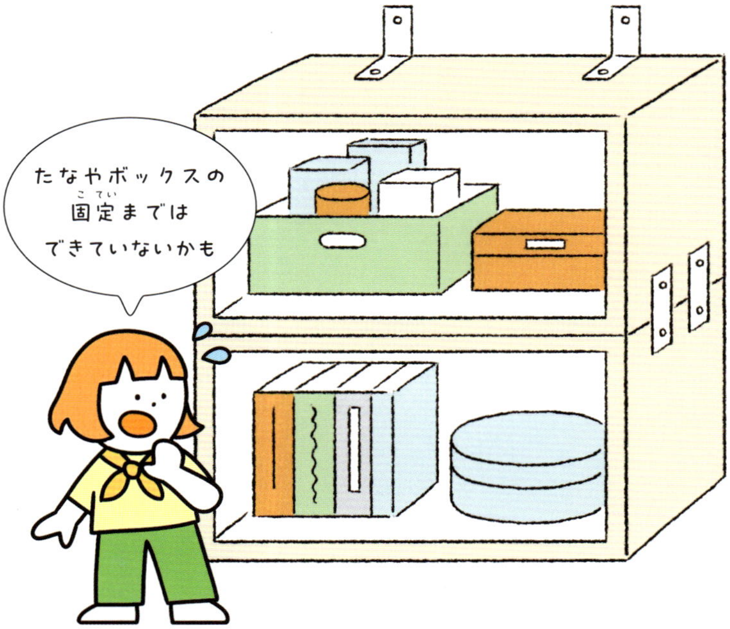
たなやボックスの
固定《こてい》までは
できていないかも

● 積《つ》み重《かさ》ね式収納《しきしゅうのう》ボックス

上《うえ》には何《なに》も置《お》かない

上《うえ》と下《した》のボックスがバラバラにならないよう連結金具《れんけつかなぐ》という道具《どうぐ》でつなぎ、さらにＬ字金具《エルじかなぐ》というＬ《エル》の形《かたち》をした金具《かなぐ》でかべに固定《こてい》し、たおれないようにします。ボックスの上《うえ》にものを置《お》くと、地震《じしん》のときに散《ち》らばり、歩《ある》くさまたげになります。上《うえ》には何《なに》も置《お》かないようにしましょう。

● スチールラック

収納《しゅうのう》するものを選《えら》ぶ

スチールラックに置《お》いてあるものは、地震《じしん》のときに落《お》ちる可能性《かのうせい》があります。重《おも》いものや割《わ》れやすいものは置《お》かないようにしましょう。また、地震《じしん》でたおれないよう、スチールラックと後《うし》ろのかべをベルトでつなぐ転倒防止《てんとうぼうし》ストラップなどで固定《こてい》するとよいでしょう。

部屋《へや》にあるたなを
確認《かくにん》してみよう

COLUMN 1

コラム

南海《なんかい》トラフ地震《じしん》ってどんな地震《じしん》？

南海《なんかい》トラフの巨大地震《きょだいじしん》による最大震度分布《さいだいしんどぶんぷ》

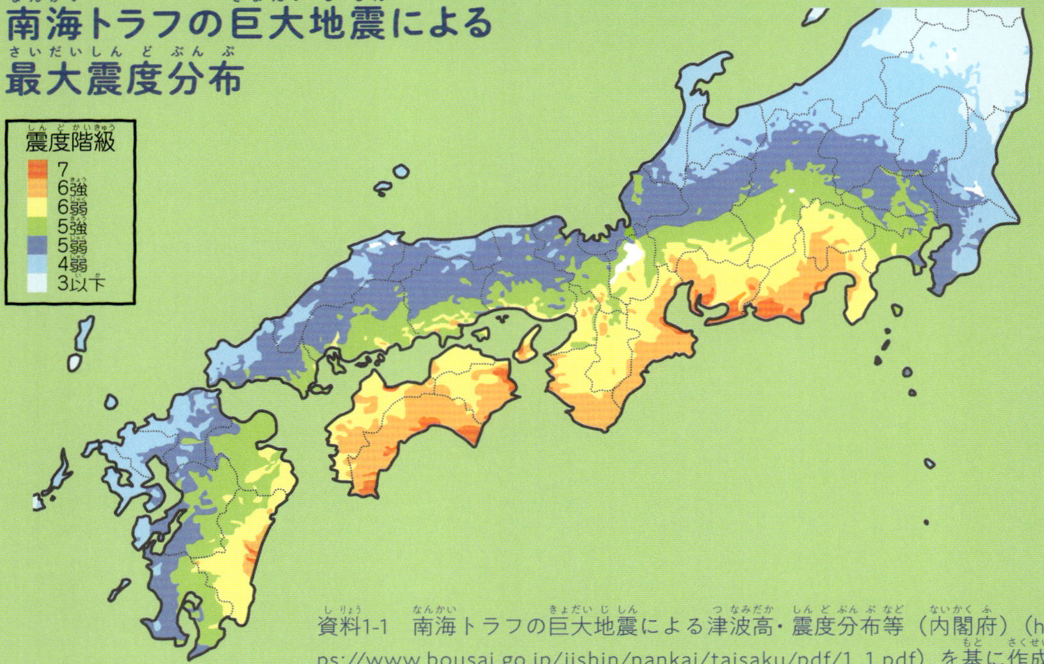

資料《しりょう》1-1　南海《なんかい》トラフの巨大地震《きょだいじしん》による津波高《つなみだか》・震度分布等《しんどぶんぷなど》（内閣府《ないかくふ》）（https://www.bousai.go.jp/jishin/nankai/taisaku/pdf/1_1.pdf）を基《もと》に作成《さくせい》

「南海《なんかい》トラフ地震《じしん》がこわい」と、よく耳《みみ》にしますが、なぜこれほどおそれられているのでしょうか。

南海《なんかい》トラフ地震《じしん》は、静岡県駿河湾《しずおかけんするがわん》から九州東方沖《きゅうしゅうとうほうおき》にかけての海底《かいてい》のくぼみで起《お》こります。この場所《ばしょ》では、100年《ねん》~200年《ねん》ごとに大地震《おおじしん》が起《お》こり、今《いま》、その周期《しゅうき》が近《ちか》づいているといわれています。また、地震《じしん》によって津波《つなみ》が引《ひ》き起《お》こされる可能性《かのうせい》があり、最悪《さいあく》の場合《ばあい》、32万人《まんにん》のぎせいが想定《そうてい》されています。

しかし、この地震《じしん》を特別《とくべつ》におそれるのではなく、日《ひ》ごろから、備《そな》えをしておくことが大切《たいせつ》です。

1 家具《かぐ》やたなをかべに固定《こてい》しているか。
2 近《ちか》くのひなん所《じょ》や安全《あんぜん》な場所《ばしょ》、ひなんルートがわかるか。
3 水《みず》や食料《しょくりょう》などの防災用品《ぼうさいようひん》を備《そな》えているか。

など、身《み》のまわりを確認《かくにん》し、できるはん囲《い》での備《そな》えを意識《いしき》しましょう。

体験者《たいけんしゃ》の声《こえ》

居間《いま》では、タンスが２ｍも吹《ふ》っ飛《と》び、テレビや本《ほん》だながたおれて、足《あし》のふみ場《ば》がありませんでした。転倒防止器具《てんとうぼうしきぐ》をつけた家具《かぐ》だけはたおれなかったので、全部《ぜんぶ》につけておけばよかったなと思《おも》いました。

私《わたし》の部屋《へや》では、本《ほん》だなは固定《こてい》していたからたおれてこなかったのですが、中《なか》から本《ほん》が飛《と》び出《だ》し、山《やま》になっていてびっくりした経験《けいけん》があります。

しつもん

Q3

いざというときのため、まくら元《もと》（ベッドのそば）には何《なに》を置《お》いておいたらよい？

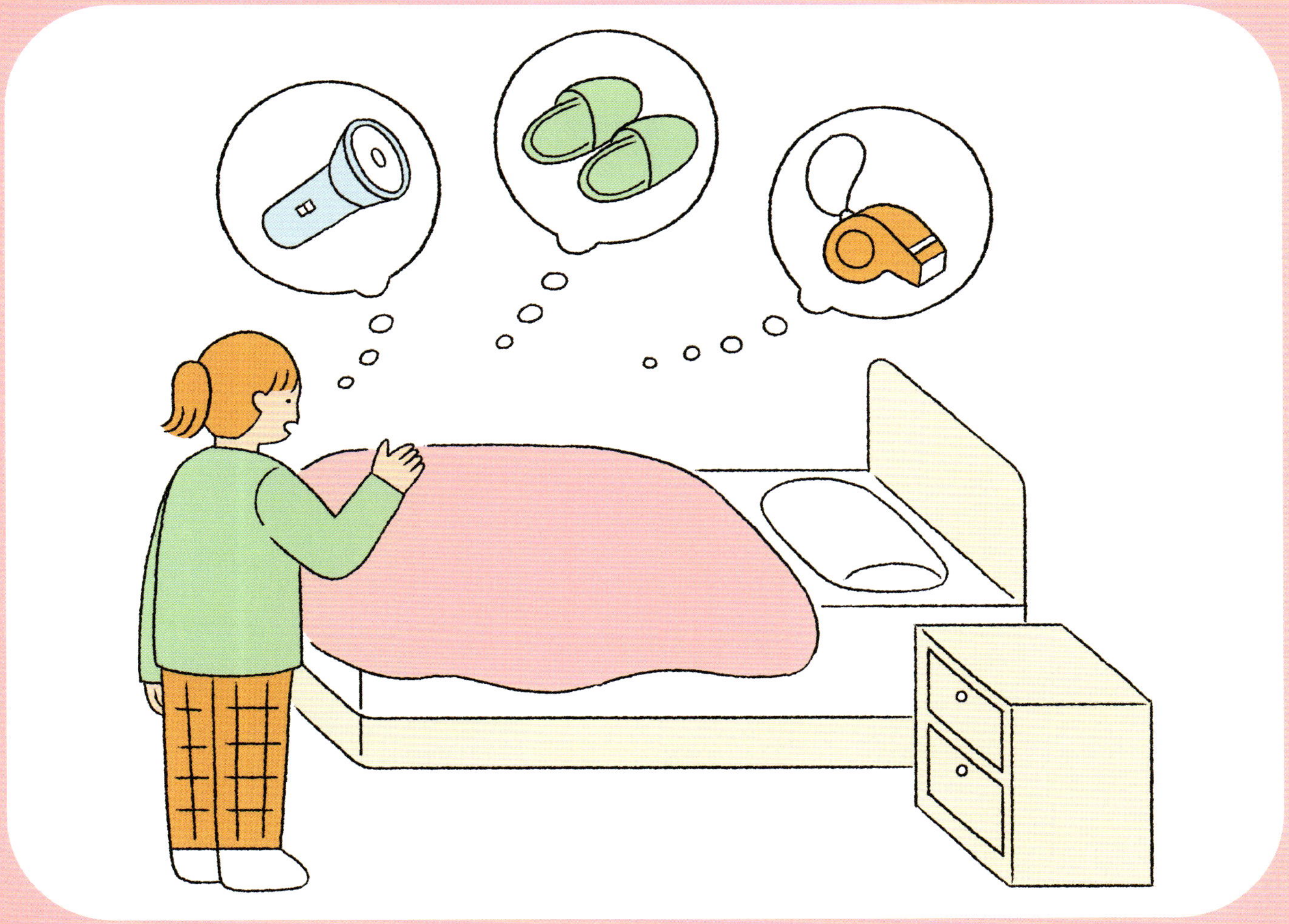

1 懐中電灯《かいちゅうでんとう》

2 スリッパ

3 ホイッスル

こたえ

A

すべて正解《せいかい》

まくら元《もと》には家《いえ》の中《なか》を安全《あんぜん》に移動《いどう》するためのものを用意《ようい》する

地震《じしん》が起《お》きると、家具《かぐ》がたおれたり、ものが割《わ》れたりして、部屋《へや》が危険《きけん》になることがあります。家《いえ》の中《なか》で安全《あんぜん》に動《うご》けるように、必要《ひつよう》なものをまくら元《もと》に置《お》いておくと安心《あんしん》です。とくに1の「懐中電灯《かいちゅうでんとう》」、2の「スリッパ」、3の「ホイッスル」は、いざというときに役立《やくだ》つものばかりです。必《かなら》ずまくら元《もと》に置《お》いておきましょう。

1の「懐中電灯《かいちゅうでんとう》」は、地震《じしん》で停電《ていでん》したときに使《つか》います。足元《あしもと》にガラスなどが散《ち》らばっているかもしれないので、懐中電灯《かいちゅうでんとう》で安全《あんぜん》を確認《かくにん》しましょう。軽《かる》くて持《も》ちやすい小《ちい》さめのものや、電池《でんち》がなくても使《つか》える手回《てまわ》し充《じゅう》電式《でんしき》のものなども便利《べんり》です。

また、割《わ》れたガラスなどをふんでけがをしないよう、必《かなら》ず2の「スリッパ」をはいて移動《いどう》します。3の「ホイッスル」は、部屋《へや》の中《なか》に閉《と》じこめられたときなど、助《たす》けを呼《よ》ぶために使《つか》います。

このほかにも、割《わ》れたものから手《て》を守《まも》る軍手《ぐんて》や手袋《てぶくろ》、めがねが必要《ひつよう》な人《ひと》は、まくら元《もと》にめがねを用意《ようい》しておくと、地震《じしん》のときに安心《あんしん》・安《あん》全《ぜん》に動《うご》けるようになります。

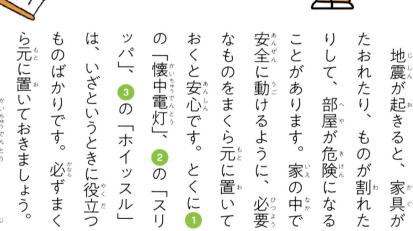

Q3 いざというときのため、まくら元《もと》(ベッドのそば)には何《なに》を置《お》いておいたらよい？

手《て》の届《とど》くところにあると安心《あんしん》なもの

写真提供：Taisuke/PIXTA（ピクスタ）

折《お》りたたみのヘルメットも役立《やくだ》つ

上《うえ》からものが落《お》ちてきたり、よろけてかべに頭《あたま》をぶつけたりするおそれもあります。防災《ぼうさい》バッグのそばに、頭《あたま》を守《まも》るためのヘルメットを置《お》いておくのもよいでしょう。折《お》りたためるタイプのものもあります。

頭《あたま》を守《まも》ることは
とても大切《たいせつ》だよ

寒《さむ》い季節《きせつ》は上着《うわぎ》を用意《ようい》しよう

地震《じしん》で停電《ていでん》した場合《ばあい》、暖房器具《だんぼうきぐ》が使《つか》えなくなります。布団《ふとん》から出《で》てパジャマ１枚《まい》で過《す》ごすのが寒《さむ》い季節《きせつ》には、まくら元《もと》にふだんあまり着《き》ていないパーカーや上着《うわぎ》を用意《ようい》しておくとよいでしょう。

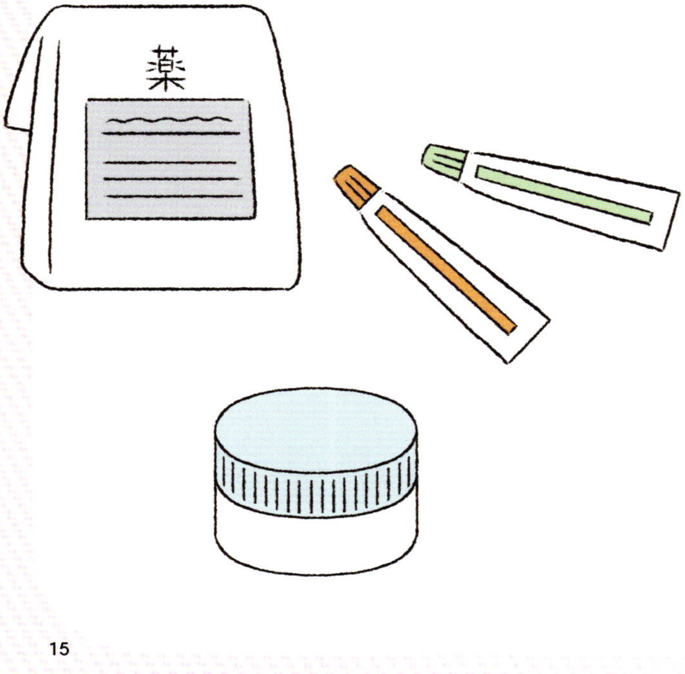
薬

定期的《ていきてき》に
チェックしよう！

ふだんから飲《の》んでいる薬《くすり》

ふだんから飲《の》んでいる薬《くすり》や、ぬり薬《ぐすり》がある人《ひと》は、防災《ぼうさい》バッグにも薬《くすり》を入《い》れておくと安心《あんしん》です。薬《くすり》はときどき確認《かくにん》し、使用期限《しようきげん》が切《き》れそうなものは新《あたら》しいものにしておきましょう。

防災《ぼうさい》グッズ 保管《ほかん》のポイント

置《お》き場所《ばしょ》

確実《かくじつ》に見《み》つけられるところに置《お》く

懐中電灯《かいちゅうでんとう》など、まくら元《もと》に置《お》いておくものは、地震《じしん》のあと、すぐに使《つか》いたいものがほとんどです。すばやく取《と》り出《だ》せるようにまくらの近《ちか》くや布団《ふとん》のマットレスの間《あいだ》など、すぐに手《て》が届《とど》く場所《ばしょ》に置《お》きましょう。暗《くら》い中《なか》でも確実《かくじつ》に見《み》つけられるようにしておくことが大切《たいせつ》です。

バッグの種類《しゅるい》

ポーチなどにまとめておくのもおすすめ

小型《こがた》の懐中電灯《かいちゅうでんとう》やスリッパ、軍手《ぐんて》などを小《ちい》さなポーチやバッグにまとめておくのもひとつのアイデアです。こうしておけば地震《じしん》のときに見《み》つけやすく、ものがバラバラになる心配《しんぱい》もなくなります。

体験者《たいけんしゃ》の声《こえ》

深夜《しんや》に災害《さいがい》が起《お》きてもすぐ光《ひかり》と情報《じょうほう》を得《え》られるよう、まくら元《もと》には常《つね》に蛍光灯《けいこうとう》付《つ》きの携帯《けいたい》ラジオを設置《せっち》しています。

携帯《けいたい》ラジオを取《と》り出《だ》したのですが、入《い》れっぱなしにしていた電《でん》池《ち》が腐食《ふしょく》していて、スイッチを入《い》れても機能《きのう》せず使《つか》えませんでした。うかつでした。

しつもん

Q4

地震《じしん》に備《そな》えて何日分《なんにちぶん》の食《た》べもの・飲《の》みものを準備《じゅんび》しておくとよい？

1 とくに用意《ようい》しなくてよい

2 1週間分《しゅうかんぶん》

3 1カ月分《げつぶん》

2

1週間分《しゅうかんぶん》

ローリングストック法《ほう》でむだのない備《そな》えを続《つづ》けよう

地震《じしん》や津波《つなみ》について話《はな》し合《あ》う国《くに》の中央防災会議《ちゅうおうぼうさいかいぎ》では、地震《じしん》に備《そな》え、できれば1週《しゅう》間分《かんぶん》の食《た》べものや飲《の》みものを用意《ようい》しておくよう呼《よ》びかけています。❷の「1週間《しゅうかん》分《ぶん》」を目安《めやす》にしましょう。

でも、1週間分《しゅうかんぶん》の食《た》べものを備《そな》えるには、置《お》き場所《ばしょ》がたくさん必要《ひつよう》ですし、消《しょう》費期限《ひきげん》が過《す》ぎてしまうと、たくさんの食《た》べものを捨《す》てることになってしまいます。

そこでおすすめなのが、「ローリングストック法《ほう》」です。これは、ふだんから少《すこ》し多《おお》めに食材《しょくざい》や加工品《かこうひん》を買《か》い、消費期限《しょうひきげん》が近《ちか》いものから食《た》べて、食《た》べた分《ぶん》だけ新《あたら》しいものを買《か》い足《た》す方法《ほうほう》です。食材《しょくざい》を消費《しょうひ》しつつ備《び》蓄《ちく》するため、むだなく備《そな》えられます。

地震《じしん》などの災害時《さいがいじ》には、スーパーが一時的《いちじてき》に閉《し》まることもあります。❶の「とくに用意《ようい》しなくてよい」だと、食料《しょくりょう》が買《か》えなくなって困《こま》るかもしれません。準備《じゅんび》は必《かなら》ずしておきましょう。

家《いえ》に十分《じゅうぶん》なスペースがあれば、❸のように、「1カ月分《げつぶん》」の備《そな》えをしておいてもよいでしょう。

備《そな》えにぴったりの食《た》べもの・飲《の》みもの

火《ひ》や水《みず》を使《つか》わないもの

おかずになる肉《にく》・魚《さかな》の加工品《かこうひん》やかんづめなど、火《ひ》や水《みず》を使《つか》わなくても食《た》べられるものが役《やく》に立《た》ちます。チョコレートやナッツ、ドライフルーツ、シリアル、バランス栄養食《えいようしょく》なども長《ちょう》期保存《きほぞん》に便利《べんり》です。

日持《ひも》ちするもの
だとよいね

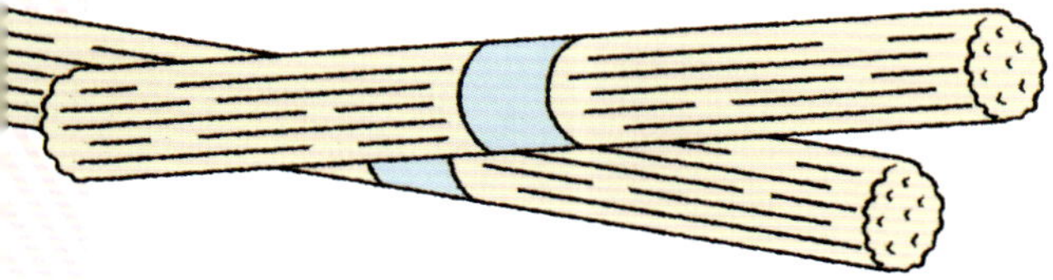
そうめん

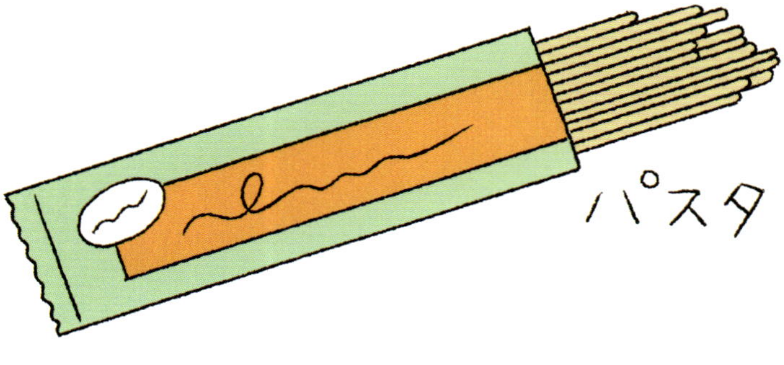
パスタ

調理《ちょうり》が簡単《かんたん》なもの

日持《ひも》ちがして種類《しゅるい》も豊富《ほうふ》なレトルト食品《しょくひん》は、非常時《ひじょうじ》にとても便利《べんり》です。また、ゆでる時間《じかん》が短《みじか》くてすむそうめんや細《ほそ》めのパスタもおすすめです。めんつゆやパスタソースも忘《わす》れずに。また電気《でんき》やガスが使《つか》えなくなることも考《かんが》えて、カセットコンロやカセットコンロ用《よう》のガスボンベも備《そな》えましょう。

簡単《かんたん》に
調理《ちょうり》できるもの
ばかりだね

健康《けんこう》を考《かんが》えた飲《の》みもの

飲《の》み水《みず》だけでなく、野菜《やさい》ジュースや機能性飲《きのうせいいん》料《りょう》など、体《からだ》によい飲《の》みものを備《そな》えておくと安《あん》心《しん》です。また、寒《さむ》い時期《じき》はお湯《ゆ》を注《そそ》ぐだけで飲《の》める粉末《ふんまつ》のみそしるやスープがあると、とても助《たす》かります。

写真提供：花咲かずなり/PIXTA（ピクスタ）

覚《おぼ》えておこう!　備《そな》えのアイデア

ラップで洗《あら》いものが減《へ》る!

地震《じしん》のあと、水《みず》が使《つか》えなくなることがあります。そのときは、お皿《さら》にラップをかけると、水《みず》を使《つか》って洗《あら》わなくても、ラップをはがすだけできれいに使《つか》うことができます。ラップは多《おお》めに用意《ようい》しておくと便利《べんり》です。

楽《たの》しく備《そな》えるのも大事《だいじ》

備《そな》えを楽《たの》しむことも大事《だいじ》です。たとえば、オレンジジュースや豆乳《とうにゅう》、スポーツドリンクなど、家族《かぞく》が好《この》むものをケースで買《か》っておくのもよい方法《ほうほう》です。家族《かぞく》みんなで楽《たの》しく備《そな》えましょう。

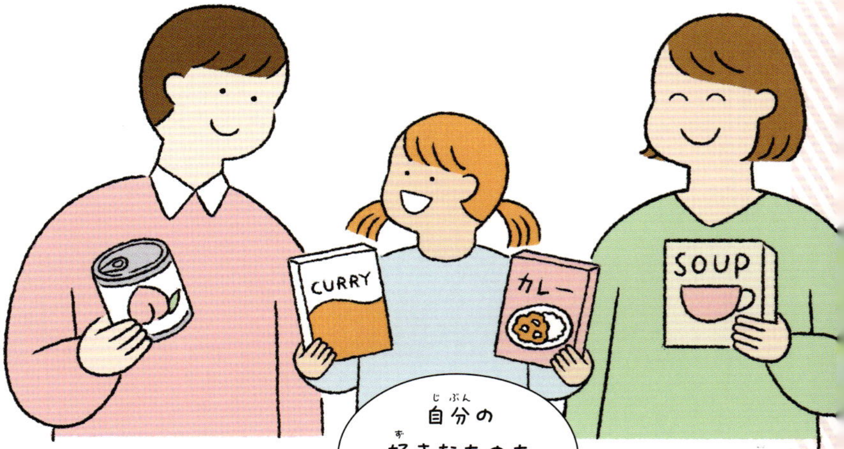

体験者《たいけんしゃ》の声《こえ》

母《はは》が食料《しょくりょう》を日常的《にちじょうてき》に買《か》い置《お》きしてくれていたので、地震《じしん》のとき、食《た》べものには困《こま》りませんでした。私《わたし》も、母《はは》の考《かんが》えを見習《みなら》い、明日《あした》地震《じしん》が起《お》きてもなんとかなるよう準備《じゅんび》をしています。

食料《しょくりょう》は、乾物《かんぶつ》（海苔《のり》などすぐ食《た》べれるものや乾麺《かんめん》、海藻類《かいそうるい》）を常備《じょうび》していました。また大根《だいこん》・白菜《はくさい》などの冬野菜《ふゆやさい》や芋類《いもるい》、干《ほ》し柿《がき》、餅《もち》がたくさんあったことが心強《こころづよ》く、役立《やくだ》ちました。

しつもん

Q5

非《ひ》常《じょう》用《よう》持《も》ち出《だ》し袋《ぶくろ》には何《なに》を入《い》れたらよい？食《た》べもの・飲《の》みもの以外《いがい》で5つあげてみよう

こたえ

A

自分《じぶん》にとって必要《ひつよう》なものを入《い》れよう

好《す》きなマンガを
1冊《さつ》入《い》れているね

必要《ひつよう》なものは人《ひと》それぞれ 何《なに》を入《い》れるか考《かんが》えてみよう

地震《じしん》のとき、すぐにひなんできるよう、非常用持《ひじょうようも》ち出《だ》し袋《ぶくろ》を準備《じゅんび》しておくと安心《あんしん》です。袋《ふくろ》には着《き》がえや歯《は》ブラシ、懐中電灯《かいちゅうでんとう》、携帯《けいたい》トイレ、飲料水《いんりょうすい》など「みんなにとって」必要《ひつよう》なもののほか、めがねや薬《くすり》、生理用品《せいりようひん》など、「自分《じぶん》にとって」必要《ひつよう》なものも入《い》れましょう。安全《あんぜん》な場所《ばしょ》までひなんするために何《なに》が必要《ひつよう》なのかをイメージしてみてください。

また、緊急時《きんきゅうじ》のために、自分《じぶん》の名前《なまえ》と住所《じゅうしょ》、血液型《けつえきがた》、アレルギー、家《いえ》の人《ひと》の連絡《れんらく》先《さき》、ひなん所《じょ》の場所《ばしょ》などを書《か》いた「防災《ぼうさい》カード」をつくり、非常用持《ひじょうようも》ち出《だ》し袋《ぶくろ》の中《なか》に入《い》れておくとよいでしょう。助《たす》けを呼《よ》ぶときのために、ホイッスルがあるとさらに安心《あんしん》です。また、本《ほん》やカードゲームなど、好《す》きなものをひとつ入《い》れておくと、こわい気持《きも》ちが少《すこ》しやわらぐかもしれません。

ただし、つめすぎると、重《おも》くてひなんがたいへんなので、必要《ひつよう》なものだけを入《い》れるようにしましょう。

安全《あんぜん》なひなん先《さき》で
1泊《ぱく》くらいできるもの
を入《い》れよう

COLUMN 2

コラム

小中学生用《しょうちゅうがくせいよう》の非常用《ひじょうよう》持《も》ち出《だ》し袋《ぶくろ》チェックリスト

非常用《ひじょうよう》持《も》ち出《だ》し袋《ぶくろ》は、一人《ひとり》ひとつ用意《ようい》します。
中《なか》に入《い》れるべきものを確認《かくにん》しましょう。

□ 飲料水《いんりょうすい》（ひなん所《じょ》に移動《いどう》するまでに必要《ひつよう》な500ml程度《ていど》もの）

□ 食料品《しょくりょうひん》（乾《かん》パン、かんづめ、栄養補助食品《えいようほじょしょくひん》、あめ、チョコレートなど）

□ 救急《きゅうきゅう》キット（ばんそうこう、包帯《ほうたい》、消毒液《しょうどくえき》、常備薬《じょうびやく》など）

□ マスク

何《なに》が必要《ひつよう》か
イメージしよう

□ 軍手《ぐんて》

□ 懐中電灯《かいちゅうでんとう》（手回《てまわ》し充電式《じゅうでんしき》で、携帯電話《けいたいでんわ》の充電《じゅうでん》も可能《かのう》なもの）

□ 着《き》がえ（長《なが》そで、長《なが》ズボン、下着《したぎ》、くつ下《した》など）

□ ブランケット・タオル

きちんと備《そな》えて
おけば安心《あんしん》だね

□ 携帯《けいたい》ラジオ

□ 携帯《けいたい》トイレ

□ 予備《よび》の電池《でんち》、充電器《じゅうでんき》

□ 使《つか》い捨《す》てカイロ

□ 洗面用具《せんめんようぐ》（歯《は》みがきセット・歯《は》みがきシート）

□ 雨具《あまぐ》

□ ヘルメット、防災《ぼうさい》ずきん

□ 貴重品《きちょうひん》（小銭《こぜに》を多《おお》めに入《い》れたさいふ）

□ ホイッスル

□ 防災《ぼうさい》カード、迷子札《まいごふだ》

□ ウェットティッシュ

□ お気《き》に入《い》りのもの（本《ほん》やマンガなど）

□ ガムテープ、油性《ゆせい》ペン

□ 冷感《れいかん》スカーフやネッククーラー（暑《あつ》い時期《じき》）

□ ダウンジャケット、ジャンパー、手袋《てぶくろ》、マフラー、ネックウォーマーなどの防寒具《ぼうかんぐ》（寒《さむ》い時期《じき》）

□ 予備《よび》のめがねやコンタクトレンズ、生理用品《せいりようひん》（自分《じぶん》にとって必要《ひつよう》なもの）

内閣府防災情報《ないかくふぼうさいじょうほう》
https://www.bousai.go.jp/kohou/kouhoubousai/h28/83/special_03.html

消防庁《しょうぼうちょう》
https://www.fdma.go.jp/relocation/bousai_manual/too/pdf/mocidashi.pdf

を参照《さんしょう》して作成《さくせい》

非常用《ひじょうよう》持《も》ち出《だ》し袋《ぶくろ》のつくり方《かた》

一度《いちど》背負《せお》ってみるといいよ
非常用

非常用《ひじょうよう》持《も》ち出《だ》し袋《ぶくろ》は自分《じぶん》で背負《せお》って歩《ある》ける重《おも》さが目安《めやす》

非常用《ひじょうよう》持《も》ち出《だ》し袋《ぶくろ》は、一人《ひとり》ひとつ用意《ようい》します。リュックのように背負《せお》えるものが便利《べんり》です。自分《じぶん》で背負《せお》って歩《ある》けるくらいの重《おも》さにしましょう。目安《めやす》は男性《だんせい》なら8kg、女性《じょせい》なら6kg、子《こ》どもなら3kgです。また、玄関《げんかん》の近《ちか》くに置《お》いておくと、緊急《きんきゅう》のときにすぐに持《も》ち出《だ》せます。

すぐに使《つか》うものは取《と》り出《だ》しやすいところに入《い》れよう

ひなんするときにすぐ使《つか》いたいものが、非常《ひじょう》用《よう》持《も》ち出《だ》し袋《ぶくろ》の奥《おく》にあると、取《と》り出《だ》すのがたいへんです。懐中電灯《かいちゅうでんとう》や雨具《あまぐ》などは、袋《ふくろ》のサイドポケットや上《うえ》の方《ほう》に入《い》れておくと、急《いそ》いで取《と》り出《だ》したいときに見《み》つけやすく便利《べんり》です。

取《と》り出《だ》しやすさも大事《だいじ》なんだね

体験者《たいけんしゃ》の声《こえ》

私《わたし》は山登《やまのぼ》りが好《す》きで、常《つね》に最低《さいてい》限《げん》の必要品《ひつようひん》（懐中電灯《かいちゅうでんとう》・手袋《てぶくろ》・非常食《ひじょうしょく》・薬一式《くすりいっしき》・食器《しょっき》など）をリュックサックに入《い》れているので、地震《じしん》のときすぐに取《と》り出《だ》して使《つか》うことができました。

急《きゅう》なひなんが必要《ひつよう》だったときに、防災《ぼうさい》グッズはもちろんのこと、私《わたし》をふくめお年寄《としよ》りにとっては入《い》れ歯《ば》やめがねも必要《ひつよう》でした。

公衆電話《こうしゅうでんわ》を使《つか》うときは、はじめに何《なに》をする?

1. 受話器《じゅわき》を手《て》に取《と》る
2. 電話番号《でんわばんごう》をダイヤルする
3. お金《かね》を入《い》れる

1 受話器《じゅわき》を手《て》に取《と》る

公衆電話《こうしゅうでんわ》の使《つか》い方《かた》を覚《おぼ》えておこう！

　公衆電話《こうしゅうでんわ》を使《つか》うときに、はじめにすることは、①の「受話器《じゅわき》を手《て》に取《と》る」です。受話器《じゅわき》を取《と》ったら、「ツー」という音《おと》が聞《き》こえるか、確《かく》認《にん》しましょう。音《おと》が聞《き》こえたら、③のようにお金《かね》を入《い》れます。

　音《おと》が聞《き》こえない場合《ばあい》は、アナログ公衆電話《こうしゅうでんわ》の可能性《かのうせい》があります。そのときは、受話器《じゅわき》を取《と》ったあとにお金《かね》を入《い》れ、「ツー」という音《おと》が聞《き》こえるか確認《かくにん》しましょう。

　「ツー」という音《おと》が聞《き》こえたら、②のように相手《あいて》の電話番号《でんわばんごう》をダイヤルします（数字《すうじ》をおします）。この順《じゅん》番《ばん》を覚《おぼ》えておいてください。公衆電話《こうしゅうでんわ》で使《つか》えるお金《かね》は、10円玉《えんだま》と１００円玉《えんだま》だけです。お金《かね》のかわりにテレホンカードを使《つか》って、電話《でんわ》をかけることもできます。また、災害時《さいがいじ》には無料《むりょう》でかけられることもあります。

　公衆電話《こうしゅうでんわ》を見《み》たことはあっても、使《つか》ったことがない人《ひと》も多《おお》いでしょう。お出《で》かけしたときなどに、実際《じっさい》に使《つか》ってみて、使《つか》い方《かた》をマスターしておくと安心《あんしん》ですね。

公衆電話《こうしゅうでんわ》を使《つか》えるようになるために

近《ちか》くの公衆電話《こうしゅうでんわ》を探《さが》してみよう

公衆電話《こうしゅうでんわ》がどこにあるかは、NTT東日本《ひがしにほん》とNTT西日本《にしにほん》の「公衆電話《こうしゅうでんわ》 設置場所検索《せっちばしょけんさく》」というページで調《しら》べられます。家族《かぞく》や友《とも》だちといっしょに、近《ちか》くの公衆電話《こうしゅうでんわ》を探《さが》してみましょう。災害《さいがい》や緊急時《きんきゅうじ》に備《そな》えておくと安心《あんしん》です。

公衆電話《こうしゅうでんわ》の使《つか》い方体験《かたたいけん》にチャレンジしてみよう

NTT東日本《ひがしにほん》のホームページには、公衆電話《こうしゅうでんわ》の使《つか》い方《かた》をマスターできる、「VR公衆電話体験《こうしゅうでんわたいけん》 公衆電話《こうしゅうでんわ》ミッションに挑戦《ちょうせん》！」というコーナーがあります。パソコンなどを使《つか》って、家《いえ》や学校《がっこう》で公衆電話《こうしゅうでんわ》の使《つか》い方《かた》を楽《たの》しく学《まな》ぶことができます。

公衆電話《こうしゅうでんわ》カードをつくってみよう

緊急時《きんきゅうじ》、すぐに公衆電話《こうしゅうでんわ》から電話《でんわ》できるよう、家族《かぞく》の電話番号《でんわばんごう》や近《ちか》くの公衆電話《こうしゅうでんわ》の場所《ばしょ》を書《か》いたカードをつくって、持《も》ち歩《ある》きましょう。いざというときにとても役立《やくだ》つので、ぜひ準備《じゅんび》してください。

電話《でんわ》をかける時《とき》は、下《した》の電話番号《でんわばんごう》にかけよう!

お家《うち》の電話番号《でんわばんごう》
(　　　　)　　　-

[　　　　　　　　] の連絡先《れんらくさき》
(　　　　)　　　-

[　　　　　　　　] の連絡先《れんらくさき》
(　　　　)　　　-

お家《うち》の近《ちか》くの公衆電話《こうしゅうでんわ》のあるところ

公衆電話《こうしゅうでんわ》のまめ知識《ちしき》

100円玉《えんたま》を入《い》れるとおつりが出《で》ないよ

100円玉《えんだま》を入《い》れて公衆電話《こうしゅうでんわ》から電話《でんわ》をした場合《ばあい》、もし、通話料金《つうわりょうきん》が100円分《えんぶん》にならなくても、おつりは出《で》ません。短《みじか》い時間《じかん》で電話《でんわ》が終《お》わりそうなら、10円玉《えんだま》かテレホンカードを使《つか》いましょう。公衆電話《こうしゅうでんわ》に一度《いちど》に入《い》れられるのは、10円玉《えんだま》５枚《まい》と100円玉《えんだま》４枚《まい》までです。

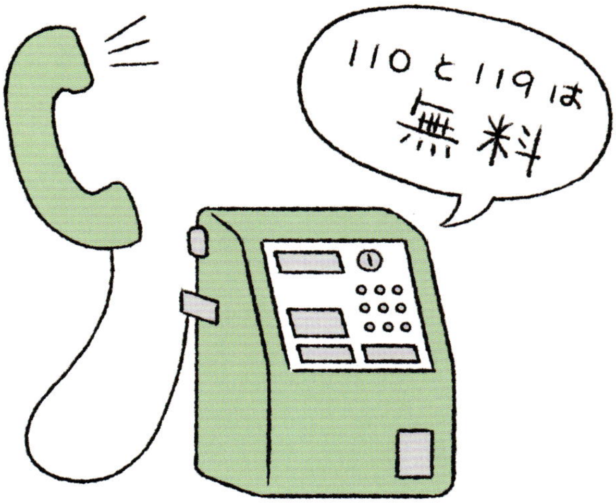

110番《ばん》や119番《ばん》は無料《むりょう》でつながる

公衆電話《こうしゅうでんわ》から110番《ばん》（警察《けいさつ》）や119番《ばん》（消防《しょうぼう》）に電話《でんわ》するときは、通話料《つうわりょう》が無料《むりょう》です。受話器《じゅわき》を取《と》り、「ツー」という音《おと》が聞《き》こえたら、110番《ばん》か119番《ばん》をダイヤルします。緊急通報《きんきゅうつうほう》ボタン（赤《あか》いボタン）が付《つ》いている場合《ばあい》は、ボタンをおしてからダイヤルしてください。

体験者《たいけんしゃ》の声《こえ》

地震《じしん》の際《さい》、携帯電話《けいたいでんわ》が通《つう》じにくくなっていたことで、公衆電話《こうしゅうでんわ》の前《まえ》には行列《ぎょうれつ》ができていたのですが、学生《がくせい》をふくめた若《わか》いひなん者《しゃ》の人《ひと》の中《なか》には、公衆電話《こうしゅうでんわ》の使《つか》い方《かた》がわからない人《ひと》もいました。

学校《がっこう》の防災学習《ぼうさいがくしゅう》で写真付《しゃしんつ》きの防災《ぼうさい》マップをつくった際《さい》には、「公衆電話《こうしゅうでんわ》の位置《いち》」もきちんと確認《かくにん》しました。

しつもん

Q7

自分《じぶん》の音声《おんせい》を家族《かぞく》に残《のこ》せる「災害用伝言《さいがいようでんごん》ダイヤル」の番号《ばんごう》は?

1 110

2 171

3 119

A

2

171

電話《でんわ》を使《つか》うときは「171」インターネットは「web《ウェブ》171」へ

災害《さいがい》が起《お》きたとき、自分《じぶん》が無事《ぶじ》だということを家族《かぞく》に知《し》らせたり、家族《かぞく》が無事《ぶじ》かどうかを確認《かくにん》したりするために使《つか》うサービスが、「災害用伝言《さいがいようでんごん》ダイヤル」です。

このサービスの番号《ばんごう》は、2の「171」です。171番《ばん》を使《つか》うと、家《いえ》の電話《でんわ》や公衆電話《こうしゅうでんわ》、携帯電話《けいたいでんわ》で安否《あんぴ》を確《たし》かめることができます。公衆電話《こうしゅうでんわ》からの利用《りよう》は基本的《きほんてき》に無料《むりょう》です。

1の「110」は、警察《けいさつ》に連絡《れんらく》するための番号《ばんごう》で、事件《じけん》や事故《じこ》のときに使《つか》います。3の「119」は、消防車《しょうぼうしゃ》や救急車《きゅうきゅうしゃ》を呼《よ》ぶための番号《ばんごう》で、火事《かじ》やけがをしたときなどに使《つか》います。

「171」は、災害時《さいがいじ》に役立《やくだ》つサービスですが、災害時《さいがいじ》は電話《でんわ》が使《つか》えなくなることがあります。そんなときは「web《ウェブ》171」（災害用伝言板《さいがいようでんごんばん》）という方法《ほうほう》があります。これは、パソコンやスマートフォンで安否《あんぴ》を確認《かくにん》できるサービスで、電話《でんわ》より簡単《かんたん》に情報《じょうほう》をやりとりできます。「171」と「web《ウェブ》171」はどちらも災害時《さいがいじ》に役立《やくだ》つので、覚《おぼ》えておきましょう。

COLUMN 3

コラム

災害用伝言《さいがいようでんごん》ダイヤルの使《つか》い方《かた》を チェックしよう！

〔171（災害用伝言《さいがいようでんごん》ダイヤル）の使《つか》い方《かた》〕

伝言《でんごん》を入《い》れるとき

1 171に電話《でんわ》をかける。

2 1をおす。

3 連絡《れんらく》を取《と》りたい電話番号《でんわばんごう》（家族《かぞく》の携帯電話番号《けいたいでんわばんごう》など）をダイヤルし、「○○です。元気《げんき》だよ。△△にひなんしています」など伝言《でんごん》を録音《ろくおん》する。

伝言《でんごん》を聞《き》くとき

1 171に電話《でんわ》をかける。

2 2をおす。

3 伝言《でんごん》を確認《かくにん》したい電話番号《でんわばんごう》（家族《かぞく》の携帯電話番号《けいたいでんわばんごう》など）をダイヤルすると、「おあずかりしているメッセージを新《あたら》しいものから再生《さいせい》します」という音声《おんせい》が流《なが》れたあと、伝言《でんごん》を聞《き》くことができる。

〔web171（災害用伝言板《さいがいようでんごんばん》）の使《つか》い方《かた》〕

伝言《でんごん》を入《い》れるとき

1 災害用伝言板《さいがいようでんごんばん》web171にアクセスする。https://www.web171.jpまたは、web171と検索《けんさく》。

2 伝言《でんごん》を登録《とうろく》したい電話番号《でんわばんごう》を入力《にゅうりょく》し、「登録《とうろく》」を選《えら》ぶ。

3 「名前《なまえ》」「安否情報《あんぴじょうほう》」「伝言《でんごん》」を入力《にゅうりょく》して、「登録《とうろく》」を選《えら》ぶ。

伝言《でんごん》を聞《き》くとき

1 災害用伝言板《さいがいようでんごんばん》web171にアクセスする。https://www.web171.jpまたは、web171と検索《けんさく》。

2 伝言《でんごん》を確認《かくにん》したい電話番号《でんわばんごう》を入力《にゅうりょく》し、「確認《かくにん》」を選《えら》ぶ。

3 登録《とうろく》された伝言《でんごん》を確認《かくにん》する。返事《へんじ》をするときは自分《じぶん》の伝言《でんごん》を登録《とうろく》する。

LINE《ライン》を使《つか》って、家族《かぞく》と連絡《れんらく》を取《と》る方法《ほうほう》

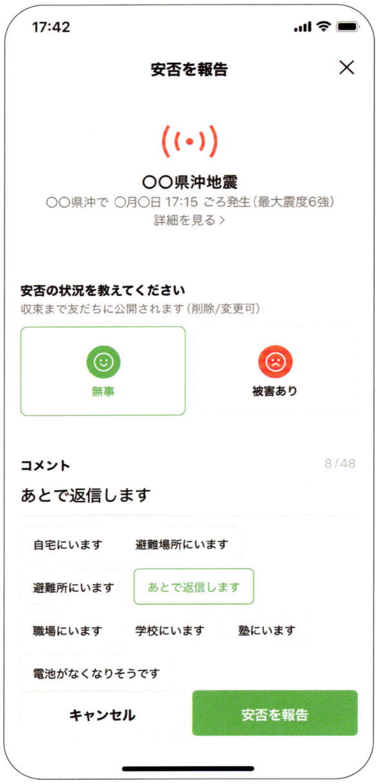

出典：「LINEみんなの使い方ガイド」

インターネットがあればいつでもどこでも使《つか》える

LINE《ライン》は2011年《ねん》に登場《とうじょう》したアプリで、東日本大《ひがしにほんだい》震災《しんさい》で大切《たいせつ》な人《ひと》と連絡《れんらく》が取《と》れなかった経験《けいけん》を元《もと》につくられました。このアプリは、電話《でんわ》がつながらなくても、インターネットがあればどこでも連絡《れんらく》が取《と》れます。

また、大《おお》きな地震《じしん》（震度《しんど》６以上《いじょう》）が起《お》きると、LINE《ライン》のホーム画面《がめん》に、赤《あか》いわくで［LINE《ライン》安否《あんぴ》確認《かくにん》］のボタンが表示《ひょうじ》されます。このボタンをタップすると、LINE《ライン》でつながっている家族《かぞく》や友《とも》だちと簡単《かんたん》に無事《ぶじ》を確認《かくにん》できます。安否《あんぴ》を伝《つた》えるときは、［無事《ぶじ》］か［被害《ひがい》あり］を選《えら》びます。文章《ぶんしょう》でようすを伝《つた》えることもできます。

体験者《たいけんしゃ》の声《こえ》

地震《じしん》のあと、私《わたし》の携帯電話《けいたいでんわ》はつながったのですが、家族《かぞく》のいる場所《ばしょ》では全《まった》くつながらなかったようで、連絡《れんらく》がつきませんでした。緊急時《きんきゅうじ》の連絡先《れんらくさき》を家族《かぞく》で話《はな》し合《あ》っておけば、もっと早《はや》く安心《あんしん》できたかもしれません。

地震《じしん》にあった私《わたし》たちはにげるのに必死《ひっし》で、当時《とうじ》遠方《えんぽう》にいた夫《おっと》に連絡《れんらく》を忘《わす》れていました。夫《おっと》は心配《しんぱい》し、無理《むり》して家《いえ》に帰《かえ》ってきたので、にげて落《お》ち着《つ》いた段階《だんかい》で無事《ぶじ》を知《し》らせるべきだったと反省《はんせい》しています。

しつもん

Q8

地震《じしん》のとき、通学路《つうがくろ》で危《あぶ》ないのはどこ?

1 ブロック塀《べい》

2 街路樹《がいろじゅ》

3 ガードレール

A

❶ ブロック塀《べい》
❷ 街路樹《がいろじゅ》

たおれてくるもの、落《お》ちてくるもの、道《みち》をふさぐものをチェック！

地震《じしん》に備《そな》えて通学路《つうがくろ》の安《あん》全《ぜん》をチェックするとき、まず注意《ちゅうい》したいのが、たおれてくるもの、落《お》ちてくるもの、道《みち》をふさぐものの3つです。

❶の「ブロック塀《べい》」は、地震《じしん》のときにたおれてくるかもしれません。これまでの地震《じしん》でもブロック塀《べい》の下《した》じきとなって亡《な》くなった方《かた》がいました。一見《いっけん》がんじょうに見《み》えるものでも、地震《じしん》のときには決《けっ》して近《ちか》づかないようにしましょう。

❷の「街路樹《がいろじゅ》」は、ときに落下物《らっかぶつ》から身《み》を守《まも》る役割《やくわり》を果《は》たしてくれますが、根《ね》が浅《あさ》い木《き》や、害虫《がいちゅう》などで弱《よわ》っている木《き》、また、地面《じめん》の土《つち》がゆるんでいる場合《ばあい》、たおれる可能性《かのうせい》があるので注《ちゅう》意《い》しましょう。

❸の「ガードレール」は、地面《じめん》にしっかり固定《こてい》されているので、強《つよ》い地震《じしん》でもめったにたおれません。でも、道路《どうろ》が大《おお》きくくずれたり、地面《じめん》がやわらかくなったりすると、ガードレールが曲《ま》がり、こわれてしまうことがあります。地震《じしん》のあと、こわれたガードレールには近《ちか》づかないようにしましょう。

通学路《つうがくろ》のこんなものもチェックしよう

石造《いしづく》りのかべや 自動販売機《じどうはんばいき》など たおれてきそうなもの

がんじょうに見《み》える石造《いしづく》りのかべも、地震《じしん》でたおれることがあります。とくに、せまい路《ろ》地《じ》でかべがたおれてくると、にげる場所《ばしょ》がなくなり、とても危険《きけん》です。また、自動販売機《じどうはんばいき》も地震《じしん》でたおれることがあるので、近《ちか》づかないようにしましょう。

屋根《やね》がわらや窓《まど》ガラスなど 落《お》ちてきそうなもの

地震《じしん》のゆれで、屋根《やね》のかわらや大《おお》きな看板《かんばん》、切《き》れた電線《でんせん》が落《お》ちてきたり、窓《まど》ガラスが割《わ》れて道《みち》に散《ち》らばったりすることがあります。地《じ》震《しん》でダメージを受《う》けた建物《たてもの》の一部《いちぶ》など、自分《じぶん》に降《ふ》りかかってきそうなものがないか注意《ちゅうい》しましょう。

放置自転車《ほうちじてんしゃ》など 道《みち》をふさぎそうなもの

通学路《つうがくろ》をチェックするときは、足元《あしもと》にも注意《ちゅうい》しましょう。放置自転車《ほうちじてんしゃ》などがせまい道《みち》に置《お》かれていた場合《ばあい》、地震《じしん》のときにひなん経路《けいろ》をふさいでしまうことも考《かんが》えられます。ひなんのときにきちんと通《とお》れそうな道《みち》があるか、確《かく》認《にん》しておきましょう。

ハザードマップ（被害想定地図《ひがいそうていちず》）を調《しら》べてみよう！

ひなん場所《ばしょ》の位置《いち》なども知《し》ることができるね

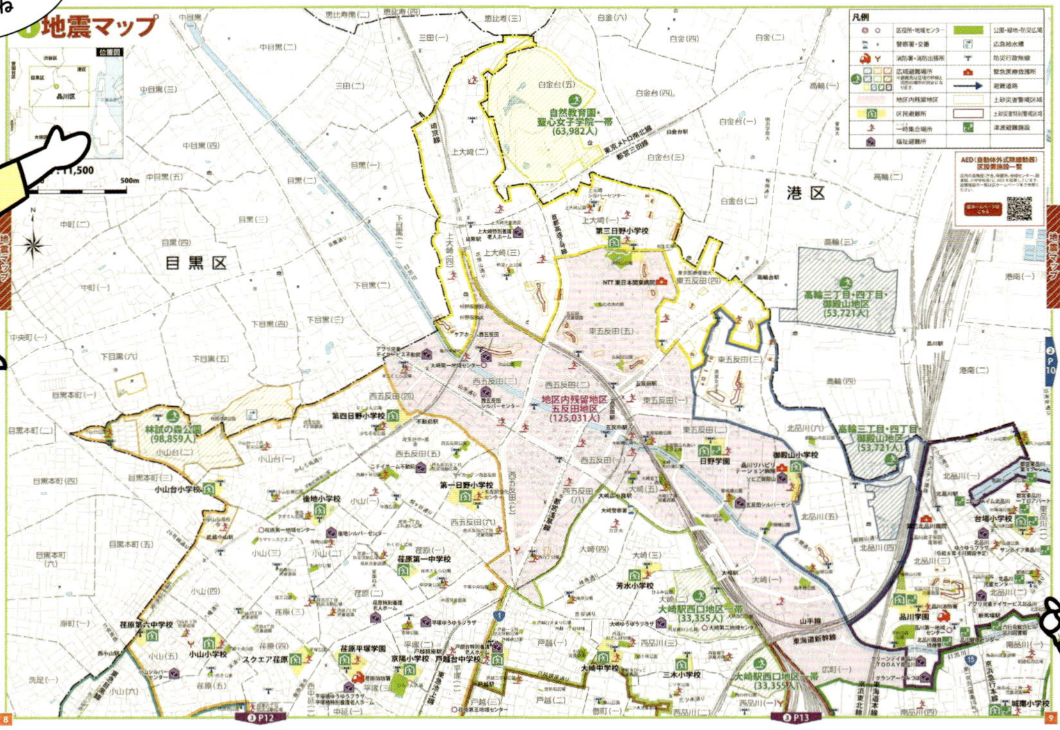
地震マップ
目黒区
港区
地区内残留地区 五反田地区 (125,031人)
自然教育園・聖心女子学院一帯 (63,982人)
林試の森公園 (98,859人)
高輪三丁目・御殿山地区 (53,721人)
大崎駅西口地区一帯 (33,355人)

自分《じぶん》の住《す》んでいるところのマップをチェックしよう

出典：品川区地震マップ

災害《さいがい》が起《お》きたとき、自分《じぶん》が住《す》んでいる家《いえ》や街《まち》がどんな被害《ひがい》を受《う》けるか知《し》っておくことが大事《だいじ》です。ハザードマップは、地震《じしん》や津波《つなみ》、土砂災害《どしゃさいがい》など、さまざまな災害《さいがい》によって想定《そうてい》される被害《ひがい》の程度《ていど》やはん囲《い》、ひなん場所《ばしょ》やひなん経路《けいろ》を示《しめ》した地図《ちず》です。調《しら》べると自分《じぶん》の家《いえ》や学校《がっこう》、よく歩《ある》く道《みち》にどんなえいきょうがあるかがわかります。図書館《としょかん》やインターネットで探《さが》すことができるので、どんなことが書《か》いてあるか調《しら》べてみて、自分《じぶん》の家《いえ》からひなん場所《ばしょ》までの道《みち》を確《たし》かめておきましょう！　知《し》っておくと、緊急時《きんきゅうじ》に落《お》ちついて行動《こうどう》できます。

体験者《たいけんしゃ》の声《こえ》

家《いえ》を囲《かこ》う石《いし》の塀《へい》がたおれました。地震《じしん》が起《お》きたのが早朝《そうちょう》で、人通《ひとどお》りの少《すく》ない時間《じかん》だからよかったと思《おも》います。子《こ》どもたちが歩《ある》いているときだったらと思《おも》うと、ゾッとします。

自転車《じてんしゃ》で下校中《げこうちゅう》、山道《やまみち》を通《とお》ると、上《うえ》の方《ほう》から小石《こいし》が落《お》ちてきて、かぶっていたヘルメットに当《あ》たりました。急《いそ》いでその場《ば》を通《とお》り過《す》ぎて後《うし》ろをふり返《かえ》ると、くずれてきた土砂《どしゃ》で道《みち》がふさがっていて、まさに間一髪《かんいっぱつ》でした。

しつもん

Q9

地震《じしん》が起《お》きた!
どこにひなんすればよい?

1 ひなん場所《ばしょ》

2 海《うみ》や川《かわ》の近《ちか》く

3 がけの近《ちか》く

① ひなん場所《ばしょ》

広場
地図《ちず》なしでも
たどりつけるように
しておきたいね

その場《ば》にいると危《あぶ》ないときは、決《き》められたひなん場所《ばしょ》に行《い》こう

地震《じしん》が起《お》きたときにどこにひなんするかは、とても大事《だいじ》です。まずは安全《あんぜん》を第《だい》一《いち》に考《かんが》え、①の「ひなん場《ば》所《しょ》」ににげましょう。ひなん場所《ばしょ》は、地震《じしん》や洪水《こうずい》などの災害《さいがい》から緊急《きんきゅう》に命《いのち》を守《まも》るためのにげ場《ば》です。場所《ばしょ》によって、どんな災害《さいがい》（地震《じしん》・津波《つなみ》・土砂災害《どしゃさいがい》・洪水《こうずい》など）のひなん場所《ばしょ》として適《てき》しているかが指定《してい》されています。いざというときに困《こま》らないよう、自分《じぶん》の家《いえ》の近《ちか》くのひなん場所《ばしょ》を確認《かくにん》しておくと安心《あんしん》です。

②の「海《うみ》や川《かわ》の近《ちか》く」はとても危険《きけん》です。地震《じしん》のあと、津波《つなみ》がくるかもしれないからです。津波《つなみ》は川《かわ》にも流《なが》れこんでくることがあり、海《うみ》や川《かわ》からはなれないと命《いのち》に関《かか》わる危険《きけん》があります。海《うみ》や川《かわ》の近《ちか》くにいるときは、すぐに高台《たかだい》や内陸《ないりく》の安全《あんぜん》な場所《ばしょ》にひなんしましょう。

③の「がけの近《ちか》く」も注《ちゅう》意《い》が必要《ひつよう》です。がけのそばや山沿《やまぞ》いの急《きゅう》な斜面《しゃめん》は、地《じ》震《しん》のあとにくずれやすくなります。そうした場所《ばしょ》からは、できるだけ早《はや》くはなれ、安全《あんぜん》な場所《ばしょ》に移動《いどう》しましょう。

ひなんするときに覚《おぼ》えておくと安心《あんしん》

ひなん場所《ばしょ》

ひなん所《じょ》

津波《つなみ》ひなんビル／タワー

「ひなん場所《ばしょ》」と「ひなん所《じょ》」のちがいを知《し》ってる？

ひなん場所《ばしょ》は災害時《さいがいじ》に、緊急《きんきゅう》に命《いのち》を守《まも》るためのにげ場《ば》です。一方《いっぽう》、ひなん所《じょ》は、災害後《さいがいご》に自分《じぶん》の家《いえ》に住《す》めなくなった人《ひと》などが、しばらくの間《あいだ》とまる場所《ばしょ》で、学校《がっこう》や公民館《こうみんかん》などが使《つか》われます。市町村《しちょうそん》によって呼《よ》び方《かた》がちがったり、ひなん場所《ばしょ》とひなん所《じょ》がいっしょになっていたりする場合《ばあい》もありますが、役割《やくわり》としては異《こと》なるので覚《おぼ》えておきましょう。

海《うみ》に近《ちか》い場所《ばしょ》では「津波《つなみ》ひなんビル」「津波《つなみ》ひなんタワー」を活用《かつよう》しよう

津波《つなみ》からひなんするとき、「津波《つなみ》ひなんビル」や「津波《つなみ》ひなんタワー」もひなん場所《ばしょ》として活用《かつよう》しましょう。これは、津波《つなみ》から命《いのち》を守《まも》るための建物《たてもの》です。マークをしっかり覚《おぼ》えておくと安心《あんしん》です。

上記写真提供：あしたばきょうこ／PIXTA（ピクスタ）

COLUMN 4

コラム

東日本大震災《ひがしにほんだいしんさい》ではひなんしてはいけない建物《たてもの》ににげて亡《な》くなった人《ひと》がいました

岩手県釜石市《いわてけんかまいしし》にあった「鵜住居地区防災《うのすまいちくぼうさい》センター」は、津波《つなみ》で浸水《しんすい》するおそれがあるため、津波《つなみ》のひなん場所《ばしょ》には指定《してい》されていませんでした。しかし地震直後《じしんちょくご》、多《おお》くの人《ひと》がここにひなんしました。その結果《けっか》、津《つ》波《なみ》が建物《たてもの》の2階《かい》までおし寄《よ》せ、多《おお》くの人《ひと》が亡《な》くなりました。これを教訓《きょうくん》にして、どのような災害《さいがい》のときに、どこが危険《きけん》かをハザードマップで確認《かくにん》して、どこにひなんすべきか知《し》っておきましょう。

過去《かこ》の震災《しんさい》から
学《まな》べることも
多《おお》いね

川《かわ》や山《やま》の近《ちか》くではこうやってにげよう

川沿《かわぞ》いからにげるときは直角方向《ちょっかくほうこう》に移動《いどう》しよう

津波《つなみ》は海《うみ》だけでなく、川《かわ》にもおし寄《よ》せ、川《かわ》の下流《かりゅう》から上流《じょうりゅう》に向《む》かって逆流《ぎゃくりゅう》してきます。ひなんするときには、川《かわ》の近《ちか》くを歩《ある》かないようにしましょう。家《いえ》の近《ちか》くに川《かわ》がある場合《ばあい》は、津波《つなみ》がくる前《まえ》に川《かわ》からはなれ、にげるときは流《なが》れに対《たい》して、直角《ちょっかく》（横《よこ》）方向《ほうこう》にすばやくひなんしてください。

高台《たかだい》や山《やま》の近《ちか》くでは地《じ》すべりにも気《き》をつけよう

広《ひろ》いはん囲《い》で斜面《しゃめん》の土《つち》や石《いし》がすべり落《お》ちるのが「地《じ》すべり」、とつぜん斜面《しゃめん》がくずれるのが「がけくずれ」です。どちらも地震《じしん》や大雨《おおあめ》のときに起《お》きることがあり、危険《きけん》です。近《ちか》くを通《とお》らずにひなん場所《ばしょ》に行《い》けるルートを調《しら》べておきましょう。

体験者《たいけんしゃ》の声《こえ》

バスや電車《でんしゃ》が止《と》まったときを想《そう》定《てい》して、一駅向《ひとえきむ》こうの駅《えき》や停留《ていりゅう》所《じょ》まで実際《じっさい》に歩《ある》いてみると役《やく》に立《た》ちます。地震以前《じしんいぜん》にあちこち歩《ある》いていたため、あまり迷《まよ》わずに歩《ある》けて、必要《ひつよう》な場所《ばしょ》へ出《で》かけることができました。

ひなん場所《ばしょ》や安全《あんぜん》なところを実《じっ》際《さい》に見《み》て確認《かくにん》しておくことが大《たい》切《せつ》です。どこが行《い》き止《ど》まりかもチェックしておくと役立《やくだ》ちます。

しつもん

Q10

津波《つなみ》はどれくらいから危険《きけん》？

1
30cm以下《いか》でも危険《きけん》

2
1mから危険《きけん》

3
3mから危険《きけん》

1

30cm以下《いか》でも危険《きけん》

30cm
津波《つなみ》の力《ちから》はすごく
大《おお》きいんだよ

小《ちい》さな津波《つなみ》にも注意《ちゅうい》！ 流《なが》れに巻《ま》きこまれるおそれが！

正解《せいかい》は1の「30cm以下《いか》でも危険《きけん》」です。津波《つなみ》は、海底《かいてい》から海面《かいめん》までの海水全体《かいすいぜんたい》が動《うご》く大《おお》きな波《なみ》で、想像以上《そうぞういじょう》に大《おお》きな力《ちから》があります。

その高《たか》さが20cmから30cmになると、そのおし寄《よ》せる水《みず》のかたまりに巻《ま》きこまれる危険《きけん》があります。気象庁《きしょうちょう》は、20cm以上《いじょう》の津波《つなみ》が予想《よそう》されると、津波注意報《つなみちゅういほう》を発表《はっぴょう》します。この注意報《ちゅういほう》が出《で》たら、すぐに海岸《かいがん》からはなれましょう。

2や3のように「1mから危険《きけん》」、「3mから危険《きけん》」と考《かんが》えていると、ひなんがおくれてしまうことがあります。

また、津波《つなみ》がきても家《いえ》の中《なか》にいればよい、という考《かんが》えはまちがいです。過去《かこ》に発生《はっせい》した津波被害《つなみひがい》では、木造《もくぞう》の家《いえ》では、1mくらいの津波《つなみ》におそわれると家《いえ》の一部《いちぶ》がこわれ始《はじ》め、2mくらいの津波《つなみ》の場合《ばあい》、家全体《いえぜんたい》がこわれてしまいました。また、50cmくらいの津波《つなみ》でも、津波《つなみ》に巻《ま》きこまれた船《ふね》や家《いえ》の木材《もくざい》などがぶつかり、被害《ひがい》が出《で》ることがあります。津波注意報《つなみちゅういほう》が出《で》たら、すぐにひなんしましょう。

津波《つなみ》の危険《きけん》と威力《いりょく》を知《し》ろう！

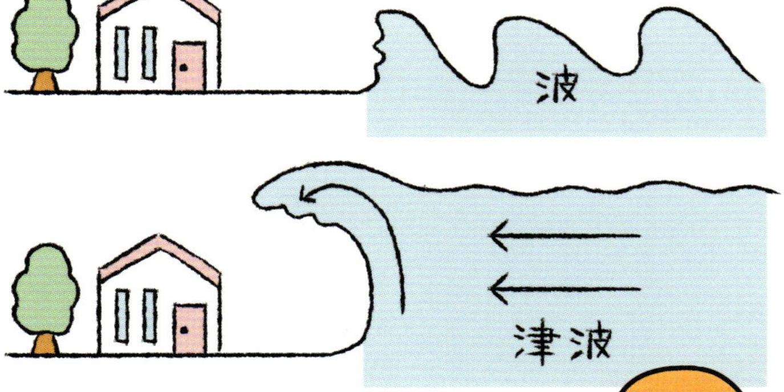

津波《つなみ》と波《なみ》はどうちがうの？

プールでたとえるなら、水面《すいめん》に息《いき》をふきかけて起《お》きるものが「波《なみ》」であり、プールのゆかが底《そこ》から盛《も》り上《あ》がり水全体《みずぜんたい》をおし上《あ》げて起《お》きるものが「津波《つなみ》」です。そのため「波《なみ》」と「津波《つなみ》」では、海岸《かいがん》におし寄《よ》せる水《みず》の量《りょう》や強《つよ》さがまったく異《こと》なります。津波《つなみ》は大量《たいりょう》の水《みず》がかたまりとして海岸《かいがん》にやってくるため、まわりのものを破壊《はかい》する力《ちから》のあるとてもおそろしいものなのです。

津波《つなみ》はどうしてこわいの？

津波《つなみ》は、海岸《かいがん》に近《ちか》づくと、波《なみ》の高《たか》さが急《きゅう》に高《たか》くなります。これは海《うみ》が浅《あさ》くなることで「水《みず》のかたまり」としてやってきた津波《つなみ》が一気《いっき》におし上《あ》げられるからです。また、津波《つなみ》が引《ひ》くときには、漂流物《ひょうりゅうぶつ》を一気《いっき》に引《ひ》きこむことがあります。漂流物《ひょうりゅうぶつ》には、大《おお》きな木《き》や車《くるま》などがふくまれ、これらが流《なが》れてくるととても危険《きけん》です。

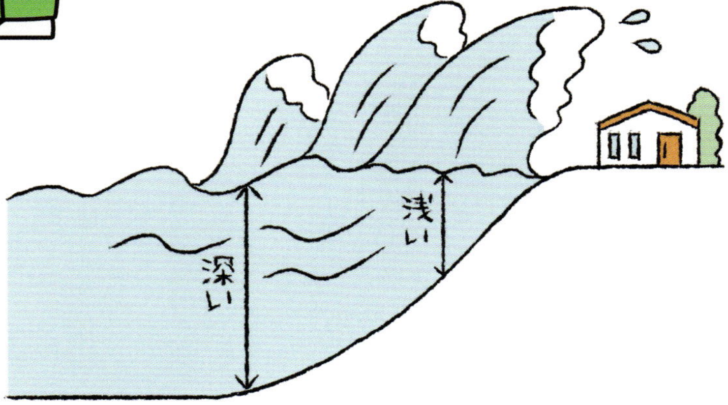

津波《つなみ》の前《まえ》には必《かなら》ず海《うみ》の水《みず》が引《ひ》いていく、というのはまちがい

津波《つなみ》の前《まえ》には必《かなら》ず海《うみ》の水《みず》が引《ひ》くと聞《き》いたことがあるかもしれませんが、これはまちがいです。津波《つなみ》の起《お》き方《かた》によって、急《きゅう》に大《おお》きな波《なみ》がおし寄《よ》せることもあります。津波《つなみ》の危険《きけん》があるときは、海《うみ》の水《みず》が引《ひ》いたかどうかに関《かか》わらず、すぐに高《たか》い場所《ばしょ》にひなんしましょう。

COLUMN 5

コラム

日本《にほん》でいちばん大《おお》きな津波《つなみ》は、高《たか》さ40・1mまで達《たっ》した

日本《にほん》で観測《かんそく》された津波《つなみ》の記録《きろく》でいちばん大《おお》きな津波《つなみ》は、2011年《ねん》3月《がつ》11日《にち》に起《お》きた東日本大震災《ひがしにほんだいしんさい》によるものです。このとき、岩手県大船渡《いわてけんおおふなと》市《し》の綾里湾《りょうりわん》で観測《かんそく》された津波《つなみ》は、なんと40・1mの地点《ちてん》まで達《たっ》しました。この高《たか》さは、マンションの13階《かい》に届《とど》くほどです。この津波《つなみ》は、1896年《ねん》に起《お》きた明治三陸津波《めいじさんりくつなみ》よりも大《おお》きく、過去《かこ》100年程度《ねんていど》の記録《きろく》の中《なか》では、いちばん大《おお》きな津波《つなみ》になりました。明治三陸津波《めいじさんりくつなみ》は約《やく》38・2mの高《たか》さだったと推定《すいてい》されています。

＊東北地方太平洋沖地震津波合同調査《とうほくちほうたいへいようおきじしんつなみごうどうちょうさ》グループの調査結果《ちょうさけっか》より

体験者《たいけんしゃ》の声《こえ》

防潮堤《ぼうちょうてい》があるからだいじょうぶと思《おも》っていたのに、波《なみ》は防潮堤《ぼうちょうてい》をこえたとたん、水《みず》のかべみたいに立《た》ち上《あ》がりました。それが一気《いっき》に市街地《しがいち》をおそい、木造住宅《もくぞうじゅうたく》はすべてこわされました。

3mの津波《つなみ》と報道《ほうどう》されてもせっぱ詰《つ》まった状態《じょうたい》とは思《おも》わず、安心《あんしん》していました。そのためにげおくれてしまい、自分《じぶん》と家族《かぞく》は、家《いえ》ごと津波《つなみ》に流《なが》されました。幸《さいわ》い自衛隊《じえいたい》に救助《きゅうじょ》され、急死《きゅうし》に一生《いっしょう》を得《え》ました。

調《しら》べて、やってみよう！

非常用持《ひじょうようも》ち出《だ》し袋《ぶくろ》を用意《ようい》しよう

この本《ほん》では、地震《じしん》が起《お》きる前《まえ》に知《し》っておきたいことや、やっておきたいことを勉強《べんきょう》したね！

そうだね！　すっかり地震博士《じしんはかせ》になった気分《きぶん》だよ。

ばっちりだね！　非常用持《ひじょうようも》ち出《だ》し袋《ぶくろ》の話《はなし》は覚《おぼ》えている？

うん！　覚《おぼ》えているよ。地震《じしん》でひなんが必要《ひつよう》になったとき、必要《ひつよう》なものをすぐに持《も》ち出《だ》せるように、まとめておくとよいって話《はなし》だったよね。

そのとおり！　非常用持《ひじょうようも》ち出《だ》し袋《ぶくろ》は、一人《ひとり》ひとつ用意《ようい》しておくんだ。自分用《じぶんよう》のものは、もう用意《ようい》したかな？

実《じつ》は何《なに》を入《い》れたらいいのかわからなくて、まだ用意《ようい》できていないんだ。

よし、今《いま》からいっしょに用意《ようい》しよう！　次《つぎ》のページで非常用持《ひじょうようも》ち出《だ》し袋《ぶくろ》について復習《ふくしゅう》しながら、実際《じっさい》に用意《ようい》してみるといいよ。備《そな》えあればうれいなしだからね！

次《つぎ》のページは、非常用持《ひじょうようも》ち出《だ》し袋《ぶくろ》についてのワークシートです。
自分《じぶん》で調《しら》べたり、友《とも》だちと話《はな》したりしながら、このワークシートに記入《きにゅう》してみましょう。

ワークシートに記入《きにゅう》してみよう！

PDFのダウンロードはここから！

URL
https://gakken-ep.jp/rd/h8881169700/01.html

ワークシート

年《ねん》　組《くみ》　番《ばん》　名前《なまえ》

非常用《ひじょうよう》持《も》ち出《だ》し袋《ぶくろ》についてまとめよう！

1 非常用《ひじょうよう》持《も》ち出《だ》し袋《ぶくろ》に入《い》れる必要《ひつよう》があるものを書《か》き出《だ》そう。

2 非常用《ひじょうよう》持《も》ち出《だ》し袋《ぶくろ》はどれくらいの重《おも》さが目安《めやす》？

□ くらいの重《おも》さが目安《めやす》。

＊子《こ》ども（小学校《しょうがっこう》4～6年生《ねんせい》）であれば □ kg 程度《ていど》。

（個人差《こじんさ》あり）

3 次《つぎ》の中《なか》から適切《てきせつ》なものに○をつけよう。

非常用《ひじょうよう》持《も》ち出《だ》し袋《ぶくろ》では、すぐに使《つか》うものは

上《うえ》　下《した》　のほうに入《い》れる。

4 迷子《まいご》になったときのために、自分《じぶん》の名前《なまえ》と住所《じゅうしょ》、家族《かぞく》の連絡先《れんらくさき》などを書《か》いた「防災《ぼうさい》カード」があると便利《べんり》。そのほかにもどんな情報《じょうほう》をまとめるとよい？右《みぎ》のカードにまとめよう。

（足《た》りない場合《ばあい》は（ウラ）も使《つか》ってね！）

オモテ

ウラ

ワークシート

4 年《ねん》 1 組《くみ》10 番《ばん》　名前《なまえ》 学研《がっけん》 太郎《たろう》

記入例《きにゅうれい》

非常用持《ひじょうようも》ち出《だ》し袋《ぶくろ》についてまとめよう！

1 非常用持《ひじょうようも》ち出《だ》し袋《ぶくろ》に入《い》れる必要《ひつよう》があるものを書《か》き出《だ》そう。

- □ 飲料水《いんりょうすい》(ひなん所《じょ》に移動《いどう》するまでに必要《ひつよう》な500ml程度《ていど》のもの)
- □ 食料品《しょくりょうひん》(乾《かん》パン、かんづめ、栄養補助食品《えいようほじょしょくひん》、あめ、チョコレートなど)
- □ 救急《きゅうきゅう》キット(ばんそうこう、包帯《ほうたい》、消毒液《しょうどくえき》、常備薬《じょうびやく》など)
- □ マスク
- □ 軍手《ぐんて》
- □ 懐中電灯《かいちゅうでんとう》(手回《てまわ》し充電式《じゅうでんしき》で、携帯電話《けいたいでんわ》の充電《じゅうでん》も可能《かのう》なもの)
- □ 着《き》がえ(長《なが》そで、長《なが》ズボン、下着《したぎ》、くつ下《した》など)
- □ ブランケット
- □ タオル
- □ 携帯《けいたい》ラジオ
- □ 携帯《けいたい》トイレ
- □ 予備《よび》の電池《でんち》、充電器《じゅうでんき》
- □ 使《つか》い捨《す》てカイロ
- □ 洗面用具《せんめんようぐ》(歯《は》みがきセット・歯《は》みがきシート)
- □ 雨具《あまぐ》
- □ ヘルメット、防災《ぼうさい》ずきん
- □ 貴重品《きちょうひん》(小銭《こぜに》を多《おお》めに入《い》れたさいふ)
- □ ホイッスル
- □ 防災《ぼうさい》カード、迷子札《まいごふだ》
- □ ウェットティッシュ
- □ お気《き》に入《い》りのもの
- □ ガムテープ、油性《ゆせい》ペン
- □ 冷感《れいかん》スカーフやネッククーラー（暑《あつ》い時期《じき》）
- □ ダウンジャケット、ジャンパー、手袋《てぶくろ》、マフラー、ネックウォーマーなどの防寒服《ぼうかんふく》（寒《さむ》い時期《じき》）
- □ 予備《よび》のめがねやコンタクトレンズ、生理用品《せいりようひん》（自分《じぶん》にとって必要《ひつよう》なもの）
- □

Q5(P23)の内容《ないよう》を確認《かくにん》しよう

2 非常用持《ひじょうようも》ち出《だ》し袋《ぶくろ》はどれくらいの重《おも》さが目安《めやす》？

背負《せお》って歩《ある》ける くらいの重《おも》さが目安《めやす》。

*子《こ》ども(小学校《しょうがっこう》4～6年生《ねんせい》)であれば 3 kg程度《ていど》。
(個人差《こじんさ》あり)

3 次《つぎ》の中《なか》から適切《てきせつ》なものに○をつけよう。

非常用持《ひじょうようも》ち出《だ》し袋《ぶくろ》では、すぐに使《つか》うものは

(上《うえ》)　下《した》　のほうに入《い》れる。

4 迷子《まいご》になったときのために、自分《じぶん》の名前《なまえ》と住所《じゅうしょ》、家族《かぞく》の連絡先《れんらくさき》などを書《か》いた「防災《ぼうさい》カード」があると便利《べんり》。そのほかにもどんな情報《じょうほう》をまとめるとよい？右《みぎ》のカードにまとめよう。

(足《た》りない場合《ばあい》は（ウラ）も使《つか》ってね！)

名前《なまえ》：学研《がっけん》　太郎《たろう》
生年月日《せいねんがっぴ》：2014年４月２日
住所《じゅうしょ》：東京都品川区《とうきょうとしながわく》
五反田《ごたんだ》2-11-8
学校名《がっこうめい》：学研小学校《がっけんしょうがっこう》
ひなん先《さき》：学研公園《がっけんこうえん》
血液型《けつえきがた》：A
アレルギー：卵《たまご》
いつも飲《の》んでいる薬《くすり》・持病《じびょう》：
なし

オモテ

■困《こま》ったときに
連絡《れんらく》をとりたい人《ひと》
名前《なまえ》：学研《がっけん》　一郎《いちろう》
関係《かんけい》：お父《とう》さん
電話番号《でんわばんごう》：080-1234-5678

名前《なまえ》：学研《がっけん》　花子《はなこ》
関係《かんけい》：お母《かあ》さん
電話番号《でんわばんごう》：080-8765-4321

ウラ

防災《ぼうさい》カードは
個人情報《こじんじょうほう》なので、
人《ひと》から見《み》えない
ところに
しまっておこう！

NDC 369　監修 木村玲欧

明日のキミを震災から守る
10の質問
1巻 地震前にどう備える?

Gakken　2025　48P　28.5cm
ISBN　978-4-05-501452-6 C8330

主な参考文献など

『大人も知らない? サバイバル防災事典』
（マイクロマガジン社）
『12歳からの被災者学 阪神・淡路大震災に学ぶ』
（NHK出版）
『東京くらし防災 改訂版2023』
（東京都総務局総合防災部防災管理課）
『東京防災 改訂版2023』
（東京都総務局総合防災部防災管理課）
『クロワッサン特別編集 防災BOOK』（マガジンハウス）
『クロワッサン特別編集 防災BOOK
家族、ペット、そして私を守る』（マガジンハウス）
政府広報オンライン「被災地以外でも発生！
自然災害に関連した消費者トラブル」
（2024年2月16日発表）
信濃毎日新聞デジタル「勉強のために使って
長野市通明小児童 育てたサイネリアの鉢植え販売、
珠洲市への義援金に（2024年2月8日発表）
abnステーション「小学生が考えた被災地支援
災害の教訓生かした支援活動も」（2024年2月15日発表）

「体験者の声」について

個別に出典を表記しているものを除き、
・内閣府ホームページ：「一日前プロジェクト」
（https://www.bousai.go.jp/kyoiku/keigen/ichinitimae/sgs/jt.html）
・神戸市：「震災を体験してあのとき役立った私の知恵」
（https://www.city.kobe.lg.jp/documents/6544/anotokiyakudattawatasinotie.pdf）
を編集し作成しています。

監修	木村玲欧
編集・執筆協力	小山まゆみ、大迫倫子、(株) 風土文化社
デザイン	大橋千恵、石井志歩、吉村 亮 (Yoshi-des.)
キャラクターイラスト	うてのての
本文イラスト	川添むつみ
地図イラスト	(有) 熊アート
編集協力	佐藤玲子、高木直子、山根聡太
DTP	(株) ダイヤモンド・グラフィック社

二次元コードについて

表紙とp.46に記載している二次元コードは、アクセス解析のためにCookieを使用しています。アクセス解析は匿名で収集されており、個人を特定するものではありません。この機能はCookieを無効にすることで、Cookieを用いた収集を拒否することができますので、お使いのデバイスのブラウザの設定をご確認ください。

明日のキミを震災から守る 10の質問

1巻　地震前にどう備える?

2025年 2 月18日 第 1 刷発行

発行人	川畑 勝
編集人	志村俊幸
編集担当	佐藤由惟、延谷朋実
発行所	株式会社Gakken
	〒141-8416　東京都品川区西五反田2-11-8
印刷所	TOPPANクロレ株式会社

【この本に関する各種お問い合わせ先】
● 本の内容については
https://www.corp-gakken.co.jp/contact/
● 在庫については
Tel 03-6431-1197（販売部）
● 不良品（落丁、乱丁）については
Tel 0570-000577
学研業務センター　〒354-0045 埼玉県入間郡三芳町上富279-1
● 上記以外のお問い合わせは
Tel 0570-056-710（学研グループ総合案内）

学研グループの書籍・雑誌についての新刊情報・詳細情報は、下記をご覧ください。学研出版サイト https://hon.gakken.jp/

おわりに

最後《さいご》まで読《よ》んでいただき、ありがとうございます。いかがでしたでしょうか。少《すこ》しでも「そうなんだ！」「知《し》らなかった！」など、新《あたら》しい学《まな》びや気《き》づきがあれば、とてもうれしく思《おも》います。

近《ちか》ごろ、悲《かな》しいことに震災《しんさい》が多《おお》く、ニュースでもよく見《み》たり聞《き》いたりすることがあるでしょう。しかし、そのこわさを頭《あたま》ではわかっているつもりでも、実際《じっさい》に震災《しんさい》にあったときの準備《じゅんび》ができている人《ひと》は不思議《ふしぎ》と少《すく》ないように感《かん》じるのです。そのため「こんなときどうする？」というクイズ形式《けいしき》で、震災《しんさい》を自分事《じぶんごと》として考《かんが》えてもらえるような本《ほん》を届《とど》けたいと思《おも》いました。

今回《こんかい》、この本《ほん》を読《よ》んで知《し》ったことを、まわりのみんなにもぜひ伝《つた》えてほしいと思《おも》います。あなたが伝《つた》えた情報《じょうほう》が、もしかしたら「明日《あす》」起《お》きるかもしれない震災《しんさい》から、「キミとキミの大切《たいせつ》な人《ひと》」を守《まも》ることにつながるかもしれません。

編集部《へんしゅうぶ》より

明日のキミを震災から守る10の質問

全3巻

1巻
地震前にどう備える？

2巻
地震時にどう動く？

3巻
地震後をどう生きる？

美《び》容《よう》の落《お》とし穴《あな》に注《ちゅう》意《い》！

子《こ》どもの
体《たい》毛《もう》ケア・においケア

監修
小西真絢
巣鴨千石皮ふ科院長
日本皮膚科学会認定専門医

汐文社《ちょうぶんしゃ》

はじめに

10代《だい》は、体《からだ》も心《こころ》も変化《へんか》するとき。
美容《びよう》に興味《きょうみ》を持《も》ったり、
体《からだ》のいろいろなことが気《き》になったり、
悩《なや》んだりする人《ひと》もいるでしょう。

みなさんがよく目《め》にするインターネットやSNSには、
美容《びよう》に関《かん》するさまざまな情報《じょうほう》があふれていますが、
誤《あやま》りもたくさんあります。
体《からだ》のケアを誤《あやま》ると、肌《はだ》のトラブルなど
思《おも》わぬ「落《お》とし穴《あな》」が待《ま》っています。
気《き》にならない人《ひと》は、そのままでよいのです。

この本《ほん》では、みなさんの役《やく》に立《た》つ情報《じょうほう》を
たくさん載《の》せています。
1巻《かん》では、体毛《たいもう》や体《からだ》のにおいを、
安全《あんぜん》にケアする方法《ほうほう》を紹介《しょうかい》します。
正《ただ》しい知識《ちしき》を身《み》につけて、
美容《びよう》や体《からだ》のケアを楽《たの》しみましょう。

まあや先生《せんせい》
みなさんの
悩《なや》みや疑問《ぎもん》に
お答《こた》えします！

もくじ

Part 1

体《たい》毛《もう》の悩《なや》みや疑《ぎ》問《もん》を解《かい》決《けつ》！

その毛《け》、気《き》になる？　気《き》にならない？

ねえ、ママ
移動教室《いどうきょうしつ》の前《まえ》に、わき毛《げ》だけでもなんとかしたいんだけど
そうねえ
それならいっそ、脱毛《だつもう》っていう方法《ほうほう》もあるけど
脱毛《だつもう》……
ってどういうものかな？
移動教室《いどうきょうしつ》の前《まえ》に、毛《け》をなんとかしたい
どうしようかな
カミソリで剃《そ》るか
カタカタ
あ！テープがあるのか
メンズ脱毛《だつもう》!?
ツルモテ肌《はだ》??
ひげもできるの？

Q1 体毛《たいもう》ケアには、どんな方法《ほうほう》があるの？

A

成長《せいちょう》とともに、ひげ、わきの下《した》、腕《うで》、足《あし》などに、今《いま》までなかった体毛《たいもう》が生《は》えてきます。

気《き》になる人《ひと》は、自分《じぶん》に合《あ》った方法《ほうほう》でケアしましょう。

おもな方法《ほうほう》に、剃毛《ていもう》、除毛《じょもう》、脱毛《だつもう》があります。どの方法《ほうほう》でも、ケアしたあとは必《かなら》ず**保湿《ほしつ》**[✎]して、清潔《せいけつ》を保《たも》つようにしてください。もし、はれたりかゆみが出《で》たりしたら、すぐに皮《ひ》ふ科《か》へ！

> ✎ メモ
>
> **保湿《ほしつ》**
>
> 皮《ひ》ふの水分《すいぶん》を補《おぎな》ったり、水分《すいぶん》の蒸発《じょうはつ》を防《ふせ》いだりして、皮《ひ》ふの湿度《しつど》を一定《いってい》に保《たも》つこと。

Q2 剃毛《ていもう》とは？

A

生《は》えている毛《け》を剃《そ》り落《お》とします。カミソリは刃《は》が直接肌《ちょくせつはだ》に当《あ》たるので、傷《きず》を作《つく》りやすく、時《とき》に血《ち》まみれになることも！　肌《はだ》をけずってしまう心配《しんぱい》が少《すく》ない、小型《こがた》の**電気《でんき》シェーバー**[✎]がおすすめです。乾《かわ》いた肌《はだ》に軽《かる》く当《あ》て、ゆっくりとすべらせるように動《うご》かします。

グイグイ押《お》しつけたり、何度《なんど》も同《おな》じところを剃《そ》ったりするのは肌《はだ》を痛《いた》めるので気《き》を付《つ》けて。

> ✎ メモ
>
> **電気《でんき》シェーバー**
>
> 男性《だんせい》のひげそり用《よう》でも体《からだ》に使《つか》える場合《ばあい》があるが、子《こ》どもの体毛《たいもう》を剃《そ》るなら、ペンシル型《がた》の細《ほそ》いタイプが安全《あんぜん》で使《つか》いやすい。1000円《えん》くらいからある。家族《かぞく》で使《つか》えるので相談《そうだん》してみよう。

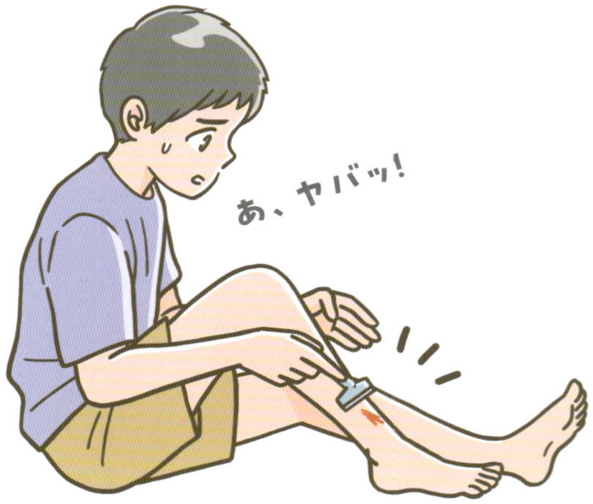

Q3 除毛《じょもう》とは？

A

化学的《かがくてき》に体毛《たいもう》を溶《と》かして取《と》り除《のぞ》きます。除毛《じょもう》したいところに、クリーム状《じょう》やペースト状《じょう》、あわ状《じょう》の除毛剤《じょもうざい》をぬり、時間《じかん》がきたら洗《あら》い流《なが》します。薬剤《やくざい》を直接《ちょくせつ》ぬるので、肌荒《はだあ》れなどを起《お》こすことがあります。説明書《せつめいしょ》をよく読《よ》み、使《つか》ってはいけない場所《ばしょ》（顔《かお》や傷《きず》のある部位《ぶい》ほか）や用法《ようほう》・容量《ようりょう》など、使用上《しようじょう》の注意《ちゅうい》を守《まも》って使《つか》いましょう。

使《つか》う前《まえ》に**パッチテスト**[✎]をして、自分《じぶん》の肌《はだ》に合《あ》うかどうかも確認《かくにん》してください。

✎ メモ

パッチテスト

薬剤《やくざい》や化粧品《けしょうひん》を使《つか》ってかぶれなどのトラブルが起《お》こらないかを調《しら》べること。少量《しょうりょう》を目立《めだ》たないところにぬり、説明書通《せつめいしょどお》りの時間《じかん》をおいて、何《なに》も起《お》こらなければ使《つか》ってOK。

Q4 脱毛《だつもう》とは？

A

毛根《もうこん》から毛《け》をなくします。毛抜《けぬ》きで1本《ぽん》ずつ抜《ぬ》く。あるいはワックスやジェルをぬったり、テープを貼《は》って一気《いっき》にはがし、毛《け》を抜《ぬ》きます。どちらも痛《いた》いし肌《はだ》にも負担《ふたん》がかかります。炎症《えんしょう》を起《お》こすこともあるので注意《ちゅうい》が必要《ひつよう》です。

また、**レーザー**[✎]を使《つか》って毛《け》が生《は》えないようにする方法《ほうほう》もあります。医療機関《いりょうきかん》などで専門家《せんもんか》が行《おこな》うもので、保護者《ほごしゃ》の同意《どうい》が必要《ひつよう》です ►P.10 。

✎ メモ

レーザー

レーザーには強《つよ》い光《ひかり》がまっすぐ進《すす》む特性《とくせい》がある。肌《はだ》の表面《ひょうめん》に当《あ》てると、皮《ひ》ふの中《なか》にある発毛組織《はつもうそしき》に熱《ねつ》でダメージを与《あた》え、毛《け》が生《は》えない状態《じょうたい》にする（また生《は》える可能性《かのうせい》もある）。

肌《はだ》のトラブルは、時間《じかん》がたつと悪化《あっか》します。治《なお》りが遅《おそ》くなったり、あとが残《のこ》ったりすることも。気付《きづ》いたら早《はや》めに診察《しんさつ》を！

Q5 体毛《たいもう》はなんのためにあるの？

体毛《たいもう》の変化《へんか》

A

　体《からだ》を守《まも》るためです。体毛《たいもう》には、外《そと》からの刺激《しげき》（紫外線《しがいせん》やまさつ、衝撃《しょうげき》）をやわらげたり、ゴミやウイルスなどが体内《たいない》に入《はい》りこむのを防《ふせ》いだりする**バリア機能《きのう》**[✎]があります。また、体温《たいおん》や皮《ひ》ふの湿度《しつど》を調節《ちょうせつ》する役割《やくわり》もあります。体毛《たいもう》を「ムダ毛《げ》」と考《かんが》えるのはまちがっています。

　人類《じんるい》の祖先《そせん》は、身《み》を守《まも》るために、体《からだ》の大部分《だいぶぶん》が濃《こ》い毛《け》でおおわれていました。衣服《いふく》をまとうなど進化《しんか》していく間《あいだ》に、不要《ふよう》な体毛《たいもう》が退化《たいか》していったと考《かんが》えられています。

　機能的《きのうてき》な下着《したぎ》や服《ふく》を身《み》につけるようになった現代《げんだい》では、必要《ひつよう》がないと感《かん》じる体毛《たいもう》が増《ふ》えてきたのかもしれません。

✎ メモ

体毛《たいもう》のバリア機能《きのう》

頭髪《とうはつ》——外部《がいぶ》の衝撃《しょうげき》から脳《のう》を守《まも》るクッションの役割《やくわり》。

まゆ毛《げ》——汗《あせ》やゴミなどから目《め》を守《まも》る役割《やくわり》。

まつ毛《げ》——目《め》にゴミやほこりが入《はい》るのを防《ふせ》ぎ、病気《びょうき》や眼球《がんきゅう》の傷《きず》つきを予防《よぼう》する役割《やくわり》。

鼻毛《はなげ》——空気中《くうきちゅう》のゴミやウイルスを取《と》り込《こ》まないようなフィルターの役割《やくわり》。

陰毛《いんもう》——生殖器《せいしょくき》の保護《ほご》と異物《いぶつ》やゴミが入《はい》らないようガードする役割《やくわり》。

Q6 体毛《たいもう》はどこに生《は》えるの？

A

毛《け》が生《は》える場所《ばしょ》や濃《こ》さは、ひとりひとりちがいます。生《は》えない人《ひと》もいます。

思春期《ししゅんき》[✎]を迎《むか》える頃《ころ》になると、今《いま》までなかったところに毛《け》が生《は》えてきたり、濃《こ》くなったりすることもあります。

✎ メモ

思春期《ししゅんき》

子《こ》どもが大人《おとな》に成長《せいちょう》していく上《うえ》で、体《からだ》と心《こころ》が大《おお》きく変化《へんか》する時期《じき》。始《はじ》まりも終《お》わりも人《ひと》それぞれで、数年間続《すうねんかんつづ》く。

思春期《ししゅんき》に変化《へんか》する体毛《たいもう》

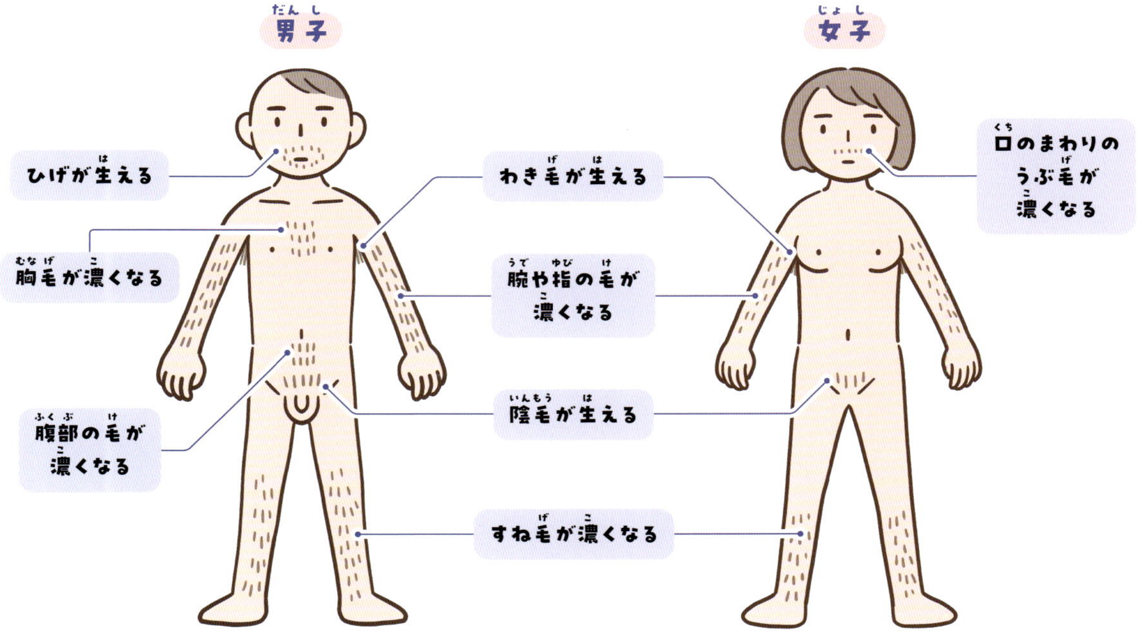
男子《だんし》
女子《じょし》
ひげが生《は》える
胸毛《むなげ》が濃《こ》くなる
腹部《ふくぶ》の毛《け》が濃《こ》くなる
わき毛《げ》が生《は》える
腕《うで》や指《ゆび》の毛《け》が濃《こ》くなる
陰毛《いんもう》が生《は》える
すね毛《げ》が濃《こ》くなる
口《くち》のまわりのうぶ毛《げ》が濃《こ》くなる

コラム

伸《の》びる毛《け》、抜《ぬ》ける毛《け》

◎体毛《たいもう》は、伸《の》びてきたり抜《ぬ》けたり生《は》えかわったりする。この成長《せいちょう》と変化《へんか》のサイクルを毛周期《もうしゅうき》という。部位《ぶい》によってサイクルが異《こと》なり、たとえば、髪《かみ》は2〜6年《ねん》、まゆ毛《げ》は1〜2か月《げつ》伸《の》びる。

Q7 専門家《せんもんか》の脱毛《だつもう》は、どこで受《う》けられるの？

A

　ネットや雑誌《ざっし》、電車《でんしゃ》やバスの中《なか》、いろいろなところで「永久脱毛《えいきゅうだつもう》」や「メンズ脱毛《だつもう》」、「全身脱毛《ぜんしんだつもう》」「エステ脱毛《だつもう》」などの文字《もじ》を目《め》にします。専門家《せんもんか》の脱毛《だつもう》を受《う》けたいと思《おも》っても、どこに行《い》ったらいいのか迷《まよ》いますね。

　脱毛《だつもう》には、皮《ひ》ふ科《か》や美容外科《びようげか》などの**医療機関《いりょうきかん》**[✎]で行《おこな》う医療脱毛《いりょうだつもう》、エステサロンや脱毛《だつもう》サロンなどの**美容《びよう》サロン**[✎]で行《おこな》う美容脱毛《びようだつもう》があります。使《つか》う機材《きざい》や施術《せじゅつ》の内容《ないよう》が異《こと》なるので、効果《こうか》や料金《りょうきん》、期間《きかん》もちがいます。ホームページで調《しら》べたり、問《と》い合《あ》わせたり、家族《かぞく》に相談《そうだん》したりして、自分《じぶん》の希望《きぼう》に合《あ》ったところを見《み》つけてください。未成年者《みせいねんしゃ》が脱毛《だつもう》するには、保護者《ほごしゃ》の同意《どうい》が必要《ひつよう》です。

　施術《せじゅつ》の料金《りょうきん》や支払《しはら》い方法《ほうほう》は各所《かくしょ》で異《こと》なるので、保護者《ほごしゃ》といっしょにしっかり確認《かくにん》しましょう。

○○医院
医療《いりょう》機関《きかん》
医療脱毛《いりょうだつもう》が受《う》けられる

○○ビューティーサロン
美容《びよう》サロン
美容脱毛《びようだつもう》が受《う》けられる

✎ メモ

医療機関《いりょうきかん》・美容《びよう》サロン

医療機関《いりょうきかん》は、病院《びょういん》、医院《いいん》、クリニックなど。美容《びよう》サロンはエステサロン、ヘアサロン、脱毛《だつもう》サロンなど。

コラム

医療機関《いりょうきかん》と美容《びよう》サロンのちがい

- 医療機関《いりょうきかん》は医療行為《いりょうこうい》ができる。専門的《せんもんてき》な知識《ちしき》を持《も》った医師《いし》や看護師《かんごし》が診察《しんさつ》、治療《ちりょう》、施術《せじゅつ》などに対応《たいおう》する。脱毛《だつもう》は医療用《いりょうよう》の機器《きき》を使《つか》って行《おこな》う。
- 美容《びよう》サロンは医療行為《いりょうこうい》はできない。美容用《びようよう》の機器《きき》を使用《しよう》し、サロンスタッフが美容《びよう》に関連《かんれん》するさまざまなサービスを行《おこな》う。

Q8 医《い》療《りょう》脱《だつ》毛《もう》とは？

A

厚生労働省《こうせいろうどうしょう》に許可《きょか》されたパワフルな医療《いりょう》レーザーを使《つか》って行《おこな》います。発毛組織《はつもうそしき》をレーザーで破壊《はかい》することで、半永久的《はんえいきゅうてき》に毛《け》が生《は》えない状態《じょうたい》にします。「**永久脱**《えいきゅうだつ》**毛**《もう》[✎]」とも言《い》われます。

毛《け》が生《は》えかわるタイミング ►P.09コラム に合《あ》わせて複数回受《ふくすうかいう》ける必要《ひつよう》があり、完了《かんりょう》まで1～2年《ねん》かかることもあります。

✎ メモ

永久脱毛《えいきゅうだつもう》

施術《せじゅつ》を行《おこな》ったあとに生《は》えてくる毛《け》の本数《ほんすう》が以前《いぜん》より減《へ》り、その状態《じょうたい》が長《なが》い期間続《きかんつづ》くこと。米国電気脱毛協会《べいこくでんきだつもうきょうかい》によれば「最終脱毛《さいしゅうだつもう》から1か月後《げつご》の毛《け》の再生率《さいせいりつ》が20％以《い》下《か》である脱毛法《だつもうほう》」と定義《ていぎ》されている。永久《えいきゅう》に1本《ぽん》も毛《け》が生《は》えてこないということではない。

体《からだ》が成長《せいちょう》する思春期《ししゅんき》は、毛《け》の状況《じょうきょう》も変化《へんか》するので、脱毛《だつもう》してもまた生《は》えてくる可能《かのう》性《せい》があります

Q9 美《び》容《よう》脱《だつ》毛《もう》とは？

A

美容《びよう》サロンでは、医療機関《いりょうきかん》と同《おな》じようなパワフルなレーザー機器《きき》は使《つか》えません。発毛組織《はつもうそしき》に弱《よわ》いエネルギーの光《ひかり》を当《あ》ててダメージを与《あた》え、毛《け》を減《へ》らしたり発毛《はつもう》をおさえたりする方法《ほうほう》で、「光脱毛《ひかりだつもう》」などとも言《い》われています。完了《かんりょう》まで、医療脱毛《いりょうだつもう》より回数《かいすう》が多《おお》く、期間《きかん》も長《なが》くなります。半永久的《はんえいきゅうてき》な効果《こうか》はなく、完了後《かんりょうご》も時間《じかん》がたつとまた生《は》えてきます。

脱《だつ》毛《もう》方《ほう》法《ほう》のちがい

医療脱毛《いりょうだつもう》

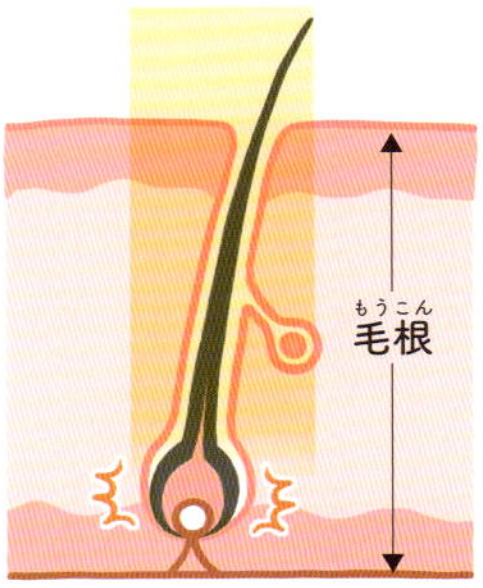

パワフルなレーザーで発《はつ》毛組織《もうそしき》を破壊《はかい》する

美容脱毛《びようだつもう》

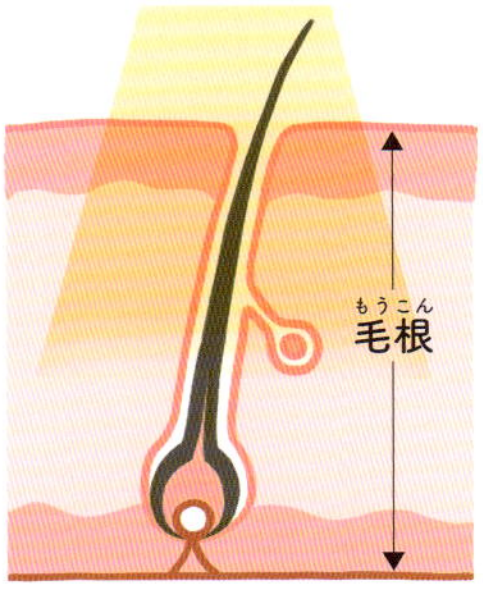

光《ひかり》を当《あ》てて発毛組織《はつもうそしき》にダメージを与《あた》える

クリニックで脱《だつ》毛《もう》 どんな感《かん》じ？

診《しん》察《さつ》の流《なが》れ

① 皮《ひ》ふ科《か》で予《よ》約《やく》して問《もん》診《しん》票《ひょう》に記《き》入《にゅう》

問診票《もんしんひょう》
1、ご希望《きぼう》の部位《ぶい》
（　　　　）
2.これまで脱毛《だつもう》を受《う》けたことはありますか　□あり□なし
3.ふだんのムダ毛処理方法《げしょりほうほう》
□かみそり□シェーバー
4.さいきん日焼《ひや》けしましたか
（　　　　）etc
診察《しんさつ》のときに持《も》って来《き》てください

② 皮《ひ》ふ科《か》のお医《い》者《しゃ》さんに直《ちょく》接《せつ》診《み》てもらってスキンチェック

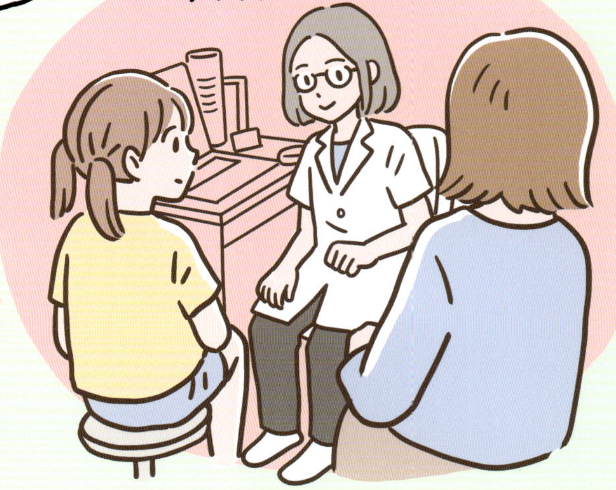

③ カウンセリング

いたいですか？
どのくらいかかりますか？
レーザー脱毛《だつもう》は10回以上《かいいじょう》かかることがありますよ
2《に》か月《げつ》に1回《かい》通《かよ》ってね
料《りょう》金《きん》は学生割引《がくせいわりび》きがあるところも

④ 後《ご》日《じつ》に施《せ》術《じゅつ》

- きほんてきに一人《ひとり》で受《う》ける

ちょっとドキドキ…

下着《したぎ》はつけていてOK
ラップタオルをかしてくれる

目《め》を保《ほ》護《ご》するため目《め》かくしをする

施術《せじゅつ》の流《なが》れ

① 脱毛《だつもう》の前《まえ》は キレイに毛《け》をそっておく

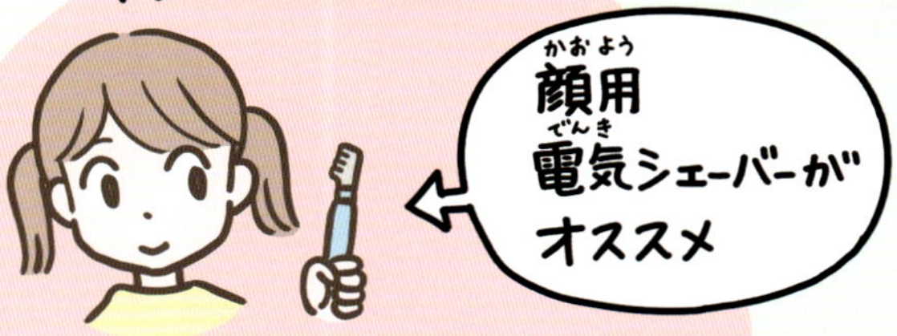

- 制汗《せいかん》スプレーは使《つか》わない
- 着《き》がえ・保湿液《ほしつえき》など持参《じさん》する

② ジェルをぬる

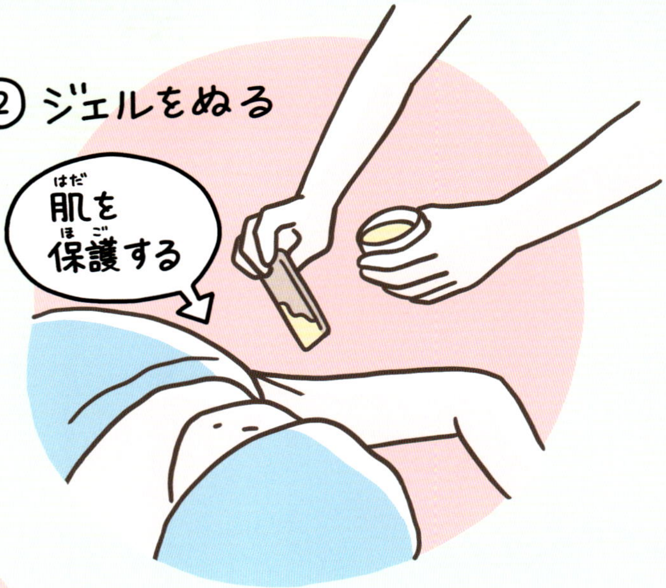

③ レーザーで脱毛《だつもう》

わきは両方《りょうほう》で約《やく》5分《ふん》くらい
ひざ下《した》は30分《ぷん》くらいかかることも

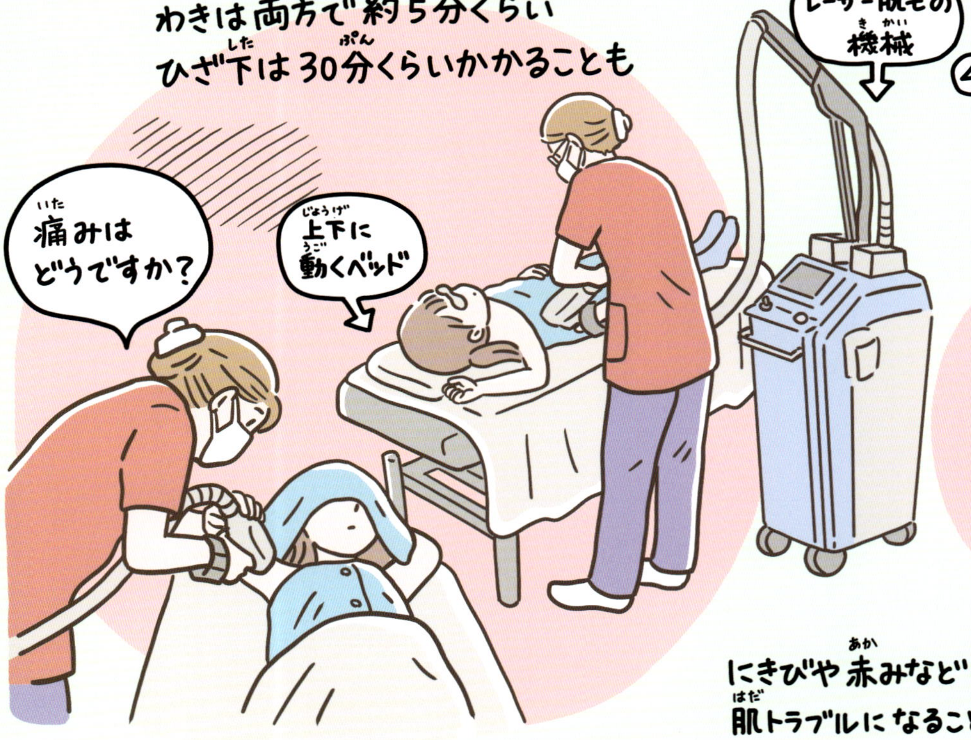

④ 施術後《せじゅつご》の保湿《ほしつ》はしっかりと

毛《け》は自然《しぜん》に抜《ぬ》けるのでムリに抜《ぬ》かないように！

にきびや赤《あか》みなど術後《じゅつご》に肌《はだ》トラブルになることも…

お医者《いしゃ》さんに相談《そうだん》しましょう

＊ここで紹介《しょうかい》したのは医療脱毛《いりょうだつもう》の一例《いちれい》です。使用《しよう》する機材《きざい》によりジェルの使用《しよう》の有無《うむ》のほか、各医療機関《かくいりょうきかん》で施術《せじゅつ》の流《なが》れが異《こと》なる場合《ばあい》があります

Q10 カウンセリングって何《なに》をするの？

A

クリニックやサロンで脱毛《だつもう》の契約《けいやく》をする前《まえ》に担当《たんとう》の人《ひと》（看護師《かんごし》や美容《びよう》スタッフ）と話《はな》し合《あ》いを行《おこな》います。保護者《ほごしゃ》といっしょに受《う》けましょう。

まず、わきの下《した》、足《あし》、ひげ、全身《ぜんしん》など希望《きぼう》する部位《ぶい》や肌《はだ》の状態《じょうたい》を**問診票《もんしんひょう》**[✎]に記入《きにゅう》し、医師《いし》の診察《しんさつ》または美容《びよう》スタッフによる肌《はだ》チェックを受《う》けます。その後、脱毛《だつもう》を行《おこな》う上《うえ》での注意点《ちゅういてん》を確認《かくにん》していきます。脱毛《だつもう》の仕組《しく》み、効果《こうか》や期間《きかん》、料金《りょうきん》、肌《はだ》トラブルのリスク、トラブルが起《お》こった際《さい》の対応《たいおう》などの説明《せつめい》は、メモを取《と》りながら聞《き》きましょう。わからないところや不安《ふあん》なところがあったら、この場《ば》で質問《しつもん》してクリアにしておくことが大事《だいじ》です。

カウンセリング後《ご》、「思《おも》ったより時間《じかん》やお金《かね》がかかる」「ひとりで受《う》けるのが心配《しんぱい》」など、迷《まよ》ったり悩《なや》んだりすることもあるでしょう。「やっぱりやめます」と言《い》っても大丈夫《だいじょうぶ》ですよ。

✎ メモ

問診票《もんしんひょう》

カウンセリングシートという場合《ばあい》もある。施術前《せじゅつまえ》に、受《う》ける人《ひと》の肌《はだ》や健康状態《けんこうじょうたい》など聞《き》いておきたいことをまとめたもの。

コラム

問診票《もんしんひょう》のおもな内容《ないよう》（脱毛《だつもう》の場合《ばあい》）

- 名前《なまえ》、生年月日《せいねんがっぴ》などの個人情報《こじんじょうほう》
- 希望《きぼう》する脱毛部位《だつもうぶい》
- これまで脱毛《だつもう》を受《う》けたことがあるか
- 普段《ふだん》、どのように手入《てい》れしているか
- アレルギーや傷《きず》、ニキビなどの肌《はだ》トラブルがあるか
- 大《おお》きな病気《びょうき》にかかったことがあるか

＊施術先《せじゅつさき》によって内容《ないよう》はかわります

Q11 痛《いた》みはあるの？

A

医療脱毛《いりょうだつもう》も美容脱毛《びようだつもう》も、発毛組織《はつもうそしき》にダメージを与《あた》える方法《ほうほう》なので、多少《たしょう》の痛《いた》みはあります。感《かん》じ方《かた》は人《ひと》それぞれですが、美容脱毛《びようだつもう》は弱《よわ》い光《ひかり》を当《あ》てるので、医《い》療脱毛《りょうだつもう》に比《くら》べて痛《いた》みも弱《よわ》いと言《い》われています。

施術中《せじゅつちゅう》に痛《いた》かったらガマンしないで伝《つた》えましょう。

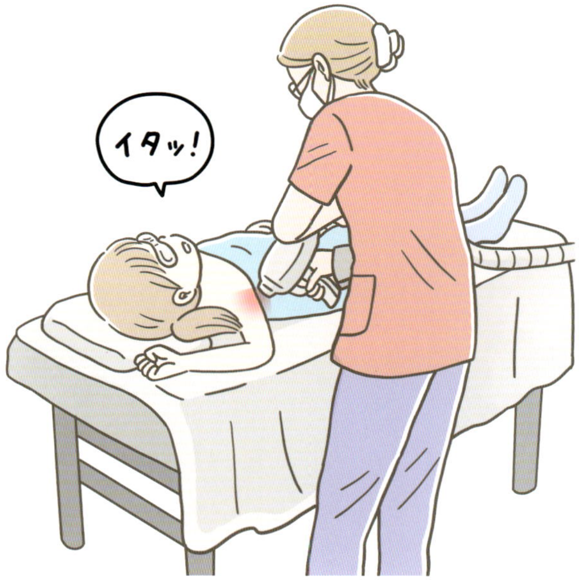

Q12 施術後《せじゅつご》は、どうしたらいいの？

A

脱毛《だつもう》したところは、**クリーム**や**ローション**[✎]などでしっかり保湿《ほしつ》しましょう。直後《ちょくご》に赤《あか》みやヒリヒリ感《かん》、かゆみ、ほてりなどがあっても、次第《しだい》に落《お》ちつきます。

血流《けつりゅう》がよくなると肌《はだ》トラブルが起《お》きやすいので、当日《とうじつ》は激《はげ》しい運動《うんどう》やお風呂《ふろ》などはさけます。脱毛《だつもう》したところがこすれたり、当《あ》たったり、日焼《ひや》けしないように気《き》を付《つ》けましょう。

✎メモ

クリーム・ローション

クリームは油分《ゆぶん》が多《おお》く、肌《はだ》の湿気《しっけ》を閉《と》じ込《こ》める働《はたら》きをする。ローションは水分量《すいぶんりょう》が多《おお》く、ベタつかず、肌《はだ》をうるおす働《はたら》きをする。

Q13 肌《はだ》トラブルが起《お》こったらどうするの？

A

施術後《せじゅつご》、強《つよ》い赤《あか》みやヒリヒリ感《かん》、しっしん、かゆみや痛《いた》み、水《みず》ぶくれなど、軽《かる》いやけどのようなトラブルが起《お》こることがあります。また、脱毛《だつもう》した毛穴《けあな》がニキビのようになる毛嚢炎《もうのうえん》が出《で》る場合《ばあい》もあります。トラブルが起《お》こったら、皮《ひ》ふ科《か》など専門《せんもん》の医師《いし》に相談《そうだん》しましょう。

医療脱毛《いりょうだつもう》は、施術《せじゅつ》した医療機関《いりょうきかん》の医師《いし》が対応《たいおう》しますが、美容脱毛《びようだつもう》では、サロンでの診察《しんさつ》や治療《ちりょう》はできません。カウンセリングの際《さい》に、肌《はだ》トラブルが起《お》こったときの対応《たいおう》も確認《かくにん》しておくと安心《あんしん》ですね。

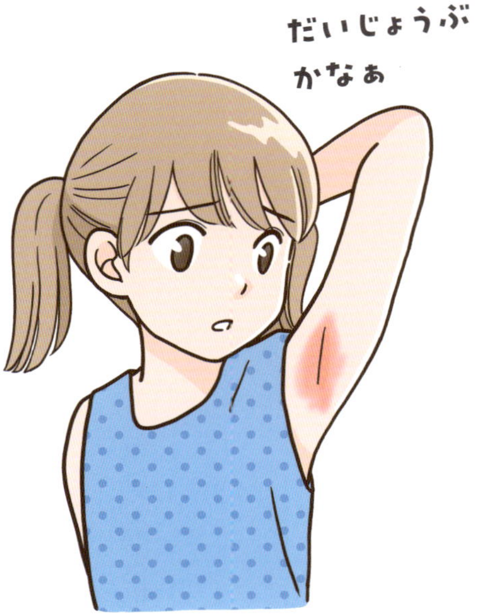

Q14 すぐに診察《しんさつ》に行《い》けないときは？

A

皮《ひ》ふ科《か》が遠《とお》かったり、時間《じかん》がなくて行《い》けない場合《ばあい》は、**オンライン診療《しんりょう》**[✎]を利用《りよう》する方法《ほうほう》もあります。全国《ぜんこく》どこからでも受診《じゅしん》でき、薬《くすり》も郵送《ゆうそう》などで受《う》け取《と》れます。基本的《きほんてき》に保護者《ほごしゃ》といっしょに受診《じゅしん》します。相談《そうだん》しながら調《しら》べてみてください。

✎ メモ

オンライン診療《しんりょう》

スマホやタブレット、パソコンなどを使《つか》って、自宅《じたく》などにいながら医師《いし》の診《しん》察《さつ》や薬《くすり》の処方《しょほう》を受《う》けることができる診《しん》療《りょう》。

ガヤ ガヤ ガヤ
ツルツルの足《あし》になってよかったけど……
なんだか自分《じぶん》じゃない気《き》がする……
生《は》えてきたらそのままでいいや
脱毛《だつもう》に行《い》ってるからだんだん気《き》にならなくなってきた
まわりの目《め》を気《き》にしなくていいんだ
なんだか気持《きも》ちが軽《かる》くなったかも
気《き》になる人《ひと》はケアを、気《き》にならない人《ひと》はそのままで
自分《じぶん》の気持《きも》ちを大切《たいせつ》に！

Part 2

体《たい》臭《しゅう》の悩《なや》みや疑《ぎ》問《もん》を解《かい》決《けつ》！

体《からだ》のにおい、気《き》になる？ 気《き》にならない？

体育《たいいく》
終《お》わったー
パタ
パタ
パタ
暑《あつ》い
暑《あつ》い
汗《あせ》びっしょりだ
もしかして、
くさいかな
どうしたら
いいのかな？
もしかして、
におってるかな
香《かお》り付《つ》きの洗剤《せんざい》で
洗《せん》たくしてもらおうかな

Q15 においの原因《げんいん》は汗《あせ》？

A

汗《あせ》は無臭《むしゅう》です。汗《あせ》が**皮脂**《ひし》[✎]や雑菌《ざっきん》、アカと反応《はんのう》して、くさいにおいになるのです。

汗《あせ》が出《で》る汗腺《かんせん》は、エクリン腺《せん》とアポクリン腺《せん》のふたつあります。エクリン腺《せん》は全身《ぜんしん》にあり、透明《とうめい》無臭《むしゅう》の汗《あせ》が出《で》ます。長時間《ちょうじかん》放置《ほうち》しなければ、いやなにおいに変《か》わることはありません。

アポクリン腺《せん》は、わきの下《した》や乳首《ちくび》、陰部《いんぶ》や肛門《こうもん》のまわりなど限《かぎ》られたところにあり、思春期《ししゅんき》になると発達《はったつ》してきます。アポクリン腺《せん》から出《で》る汗《あせ》は、水分《すいぶん》以外《いがい》に、においのもとになりやすいたんぱく質《しつ》や脂質《ししつ》、脂肪酸《しぼうさん》などの成分《せいぶん》を含《ふく》んでいます。

✎ メモ

皮脂《ひし》

毛穴《けあな》の中《なか》の皮脂腺《ひしせん》から出《だ》される油脂状《ゆしじょう》の物質《ぶっしつ》。肌《はだ》や髪《かみ》をうるおし、乾燥《かんそう》を防《ふせ》ぐ役割《やくわり》がある。

コラム

汗腺《かんせん》の数《かず》

○汗《あせ》が出《で》る穴《あな》。その数《かず》は大人《おとな》も子《こ》どもも同《おな》じ。日本人《にほんじん》は230～250万個《まんこ》と言《い》われている。暑《あつ》い地域《ちいき》に住《す》む人《ひと》ほど多《おお》い。

においの原因《げんいん》

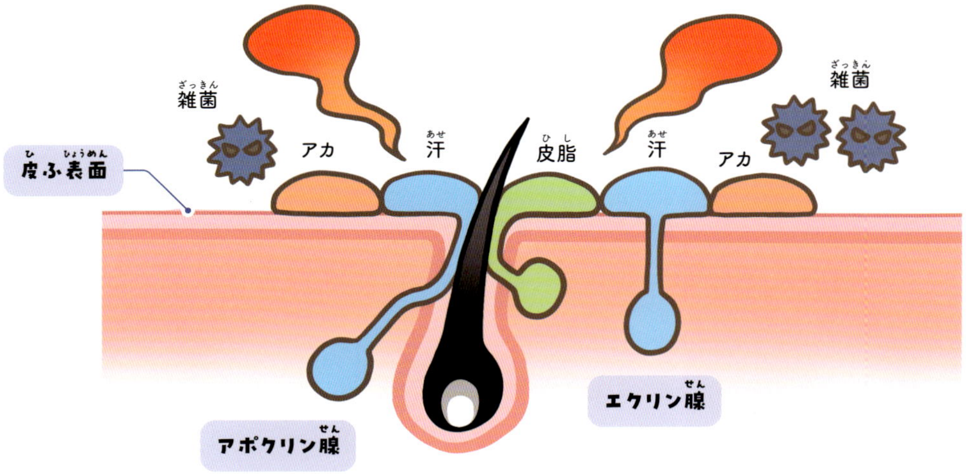

汗《あせ》＋アカ＋皮脂《ひし》＋雑菌《ざっきん》＝におい

Q16 体《からだ》のにおいを防《ふせ》ぐにはどうすればいい？

A

清潔《せいけつ》にすることが基本《きほん》です。毎日《まいにち》お風呂《ふろ》に入《はい》って、体《からだ》をきれいに洗《あら》いましょう。汗《あせ》はシャワーで流《なが》すだけでもOK。においが出《で》やすいところは、やさしくていねいに洗《あら》ってください。洗《あら》う力《ちから》が強過《つよす》ぎる石《せっ》けんやボディソープを使《つか》ったり、力《ちから》を入《い》れてゴシゴシ洗《あら》ったりすると、肌《はだ》を痛《いた》めてしまいます。

汗《あせ》をかいたら、すぐにふきとることも大事《だいじ》です。**制汗剤《せいかんざい》**[✎]を使《つか》って、汗《あせ》や細菌《さいきん》が増《ふ》えるのをおさえるのも、におい防止《ぼうし》に一定《いってい》の効果《こうか》があります。

また、汗《あせ》や汚《よご》れがついた下着《したぎ》や服《ふく》、くつ下《した》などは、こまめに着《き》がえたり洗濯《せんたく》したりしましょう。

✎ メモ

制汗剤《せいかんざい》

汗《あせ》をおさえてにおいの発生《はっせい》を防《ふせ》ぐ。スプレータイプ、スティックタイプ、ローションタイプ、ロールオンタイプ、シートタイプなどがある。

Q17 制《せい》汗《かん》剤《ざい》はしょっちゅう使《つか》った方《ほう》がいいの？

A

制汗剤《せいかんざい》の使《つか》い過《す》ぎには注意《ちゅうい》が必要《ひつよう》です。肌《はだ》が乾燥《かんそう》して皮脂《ひし》が多《おお》くなり、においが発生《はっせい》することもあります。また、含《ふく》まれる成分《せいぶん》でかぶれを起《お》こすことも。かゆみや赤《あか》みが生《しょう》じたら、かいたりさわったりせず、すぐ使用《しよう》をやめて医師《いし》に相談《そうだん》してください。

ずっと使《つか》っていると汗《あせ》が正《ただ》しく出《で》なくなり、体温調節《たいおんちょうせつ》に影響《えいきょう》する可能性《かのうせい》もあります。適切《てきせつ》な使《つか》い方《かた》を心《こころ》がけましょう。

トラブルで診察《しんさつ》するときは、使《つか》っていた制汗剤《せいかんざい》を持《も》ってきてください。
成分《せいぶん》がわかると、スムーズな治療《ちりょう》につながります

コラム

汗《あせ》の役割《やくわり》

- もっとも重要《じゅうよう》な役割《やくわり》は体《たい》温調節《おんちょうせつ》。気温《きおん》が高《たか》くなったり、運動《うんどう》や病気《びょうき》で体温《たいおん》が高《たか》くなったとき、汗《あせ》をかくと皮《ひ》ふの上《うえ》で水分《すいぶん》が蒸発《じょうはつ》して熱《ねつ》がうばわれ、体温《たいおん》が下《さ》がる。汗《あせ》をかかないと体《からだ》に熱《ねつ》がこもり、最悪死《さいあくし》に至《いた》る。

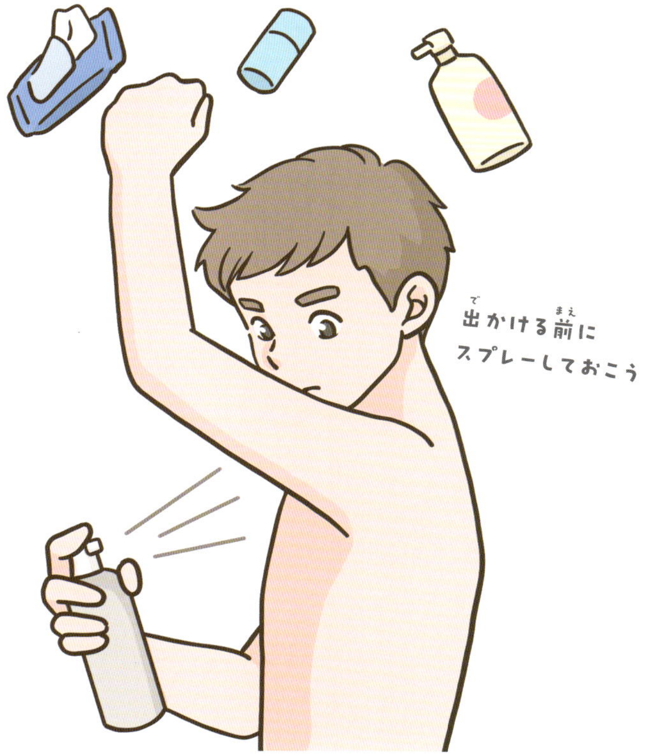

Q18 香《かお》り付《つ》き洗剤《せんざい》や消臭剤《しょうしゅうざい》でにおいは消《き》える？

A

　香《かお》りの付《つ》いた洗剤《せんざい》や柔軟剤《じゅうなんざい》を使《つか》って洗《せん》たくした衣類《いるい》には、その香《かお》りが残《のこ》ります。また「○○の香《かお》り」などの**消臭剤《しょうしゅうざい》**[✎]を部屋《へや》で使《つか》ったり、スプレーを吹《ふ》きかけた服《ふく》を着《き》たりすることで、気《き》になるにおいが目立《めだ》たなくなって安心《あんしん》するかもしれませんが、体《からだ》のにおいは消《き》えません。

　自分《じぶん》にとっていい香《かお》りでも、まわりには苦手《にがて》な人《ひと》もいます。香《かお》り付《つ》き製品《せいひん》に含《ふく》まれる化学物質《かがくぶっしつ》が原因《げんいん》で、頭痛《ずつう》や吐《は》き気《け》などの症状《しょうじょう》が現《あらわ》れることがあります。たとえば「ラベンダーの香《かお》り」とあっても、それは天然《てんねん》の香《かお》りに似《に》せて石油《せきゆ》から作《つく》った合成香料《ごうせいこうりょう》であることがほとんどです。

「香害《こうがい》」とも言《い》われますが、香《かお》り付《つ》き製品《せいひん》のにおいで体調《たいちょう》をくずす人《ひと》がいます。消《け》したい体《からだ》のにおいより、その香《かお》りに困《こま》る人《ひと》がまわりにいることを知《し》っておいてください。

✎ メモ

消臭剤《しょうしゅうざい》
特定《とくてい》のにおいを、化学的《かがくてき》に除《のぞ》いたりやわらげたりするもの。

コラム

香《かお》りの化粧品《けしょうひん》、香水《こうすい》

◎香水《こうすい》は、香《かお》りのもとになるさまざまな香料《こうりょう》をアルコールに溶《と》かしたもの。香《かお》りを楽《たの》しむための化粧品《けしょうひん》として、16世紀末頃《せいきまつごろ》に作《つく》られた。つけた人《ひと》の体臭《たいしゅう》と混《ま》ざり合《あ》って、時間《じかん》の経過《けいか》とともに香《かお》りが変化《へんか》する。香《かお》りの強《つよ》さや種類《しゅるい》によっては、まわりの人《ひと》の迷惑《めいわく》になることも。ボディミストやヘアフレグランスなどもつけ過《す》ぎに注意《ちゅうい》！

Q19 汗《あせ》とはちがうにおいがあるのはなぜ？

A

足《あし》の裏《うら》、頭《あたま》、わきの下《した》などは、独特《どくとく》のにおいがあります。それぞれ、においのもとがちがうためです。においの原因《げんいん》を知《し》って、自分《じぶん》に合《あ》った方法《ほうほう》でケアすれば安心《あんしん》できますね。

また、皮《ひ》ふや体《からだ》の病気《びょうき》が原因《げんいん》でにおいが出《で》ることもあります。どうしても心配《しんぱい》になったら、皮《ひ》ふ科《か》などで相談《そうだん》してみましょう。

いろいろなにおいのもと

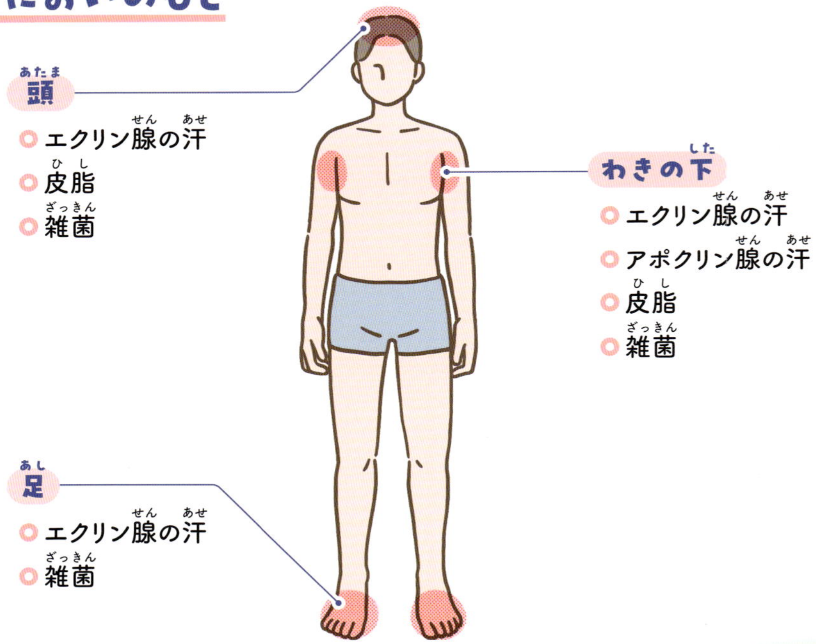

頭《あたま》
エクリン腺《せん》の汗《あせ》
皮脂《ひし》
雑菌《ざっきん》
わきの下《した》
エクリン腺《せん》の汗《あせ》
アポクリン腺《せん》の汗《あせ》
皮脂《ひし》
雑菌《ざっきん》
足《あし》
エクリン腺《せん》の汗《あせ》
雑菌《ざっきん》

コラム

病気《びょうき》が原因《げんいん》のにおい

- 糖尿病《とうにょうびょう》や肝臓《かんぞう》の病気《びょうき》、腎臓《じんぞう》の病気《びょうき》でにおいが生《しょう》じることがある。隠《かく》れた病気《びょうき》が見《み》つかるかもしれない。また、皮脂《ひし》が多《おお》くなって炎症《えんしょう》を起《お》こす脂漏性皮《しろうせいひ》ふ炎《えん》も、あぶらっぽいにおいがする。

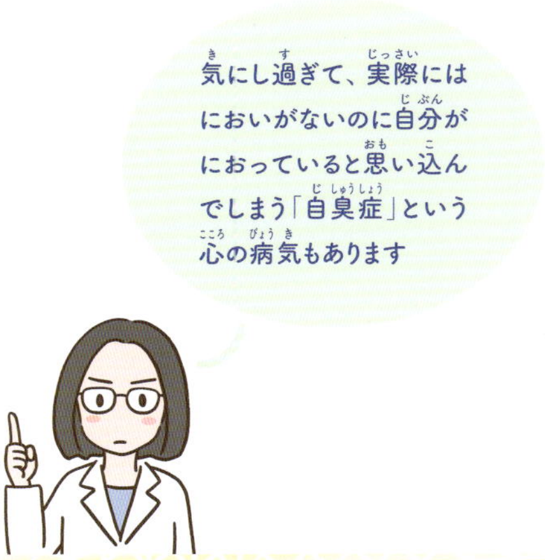

気《き》にし過《す》ぎて、実際《じっさい》にはにおいがないのに自分《じぶん》がにおっていると思《おも》い込《こ》んでしまう「自臭症《じしゅうしょう》」という心《こころ》の病気《びょうき》もあります

Q20 頭《あたま》のにおいのもとは何《なに》？

A

頭皮《とうひ》はホルモンの働《はたら》きがさかんで、皮脂《ひし》が多《おお》く出《で》ます。皮脂《ひし》や**フケ**[✎]が雑菌《ざっきん》と反応《はんのう》してにおいが発生《はっせい》します。

また、髪《かみ》はまわりのにおいがつきやすいので、いろいろなにおいが混《ま》ざっていることもあります。

✎ メモ

フケ

頭皮《とうひ》が古《ふる》いものから新《あたら》しいものに入《い》れかわる際《さい》、はがれ落《お》ちたアカのようなもの。

Q21 こまめなシャンプーでにおいは防《ふせ》げるの？

A

1日《にち》に何度《なんど》もシャンプーするのは逆効果《ぎゃくこうか》。必要《ひつよう》な皮脂《ひし》まで取《と》り除《のぞ》いてしまい、乾燥《かんそう》してフケが増《ふ》えたり、不足《ふそく》した皮脂《ひし》を補《おぎな》おうと分泌《ぶんぴつ》がさかんになったりして、においのもとになってしまいます。

シャンプー後《ご》、そのままにしていると頭皮《とうひ》に雑菌《ざっきん》が増《ふ》えます。短《みじか》い髪《かみ》の人《ひと》も、しっかり乾燥《かんそう》させましょう。

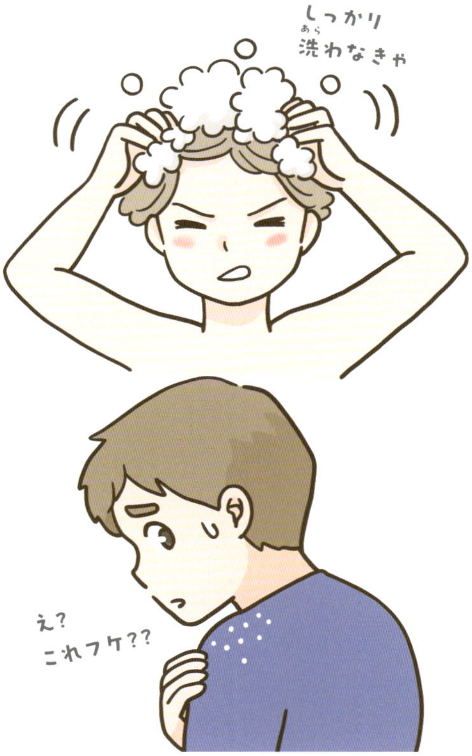

Q22 わきの下《した》のにおいのもとは何《なに》？

A

わきの下《した》はアポクリン腺《せん》が多《おお》く、においのある汗《あせ》をたくさんかきます。その汗《あせ》が、皮脂《ひし》や皮《ひ》ふ表《ひょう》面《めん》にいる細菌《さいきん》と反応《はんのう》して、独特《どくとく》のすっぱいにおいが発生《はっせい》します。

Q23 わきの下《した》のにおいを防《ふせ》ぐには？

A

わきに細菌《さいきん》が増《ふ》えないように、清潔《せいけつ》にしておきましょう。わき毛《げ》を処理《しょり》すると、蒸《む》れにくくなります。制汗剤《せいかんざい》を使《つか》うのもよいですが、長時間使用《ちょうじかんしよう》すると乾燥《かんそう》して皮脂《ひし》が増《ふ》えたり、毛穴《けあな》がふさがれて細菌《さいきん》が増《ふ》えたりして逆効果《ぎゃくこうか》。また、制汗剤《せいかんざい》の香《かお》りと体臭《たいしゅう》が混《ま》ざって、さらににおいがきつくなることもあるので気《き》を付《つ》けて！

強《つよ》いにおいは**腋臭症《えきしゅうしょう》（ワキガ）**[✎]の場合《ばあい》があります。どうしても気《き》になったら医師《いし》に相談《そうだん》しましょう。

✎ **メモ**

腋臭症《えきしゅうしょう》（ワキガ）
わきの下《した》で強《つよ》いにおいが発生《はっせい》する。ほかに症状《しょうじょう》はない。

コラム

腋臭症《えきしゅうしょう》（ワキガ）は治《なお》せる？

- 特効薬《とっこうやく》はなく、クリニックでは汗《あせ》や細菌《さいきん》をおさえるぬり薬《ぐすり》や飲《の》み薬《ぐすり》で対処《たいしょ》する。重度《じゅうど》の場合《ばあい》はアポクリン腺《せん》を切除《せつじょ》する手術《しゅじゅつ》を行《おこな》う。

Q24 足《あし》の裏《うら》のにおいのもとは何《なに》？

A

足《あし》の裏《うら》には、エクリン腺《せん》が多《おお》く集《あつ》まっています。汗《あせ》ににおいはありませんが、くつやくつ下《した》で蒸《む》れやすいことがにおいの原因《げんいん》のひとつです。

また**角質層《かくしつそう》**[✎]が厚《あつ》いので雑菌《ざっきん》が多《おお》く、蒸《む》れた汗《あせ》に反応《はんのう》して独特《どくとく》のにおいになります。

✎ メモ

角質層《かくしつそう》

肌《はだ》のもっとも外側《そとがわ》にある層《そう》。うるおいを保《たも》ち、外《そと》からの刺激《しげき》が体《からだ》に入《はい》るのを防《ふせ》ぐなどの機能《きのう》を持《も》つ。

Q25 足《あし》のにおいはどうすればいい？

A

こまめに洗《あら》いましょう。ぬるま湯《ゆ》を使《つか》って足《あし》を十分《じゅうぶん》にぬらし、**薬用石《やくようせっ》けん**[✎]をよくあわ立《だ》ててから洗《あら》います。足《あし》の指《ゆび》の間《あいだ》や爪《つめ》の間《あいだ》など汚《よご》れがたまりやすい部分《ぶぶん》を重点的《じゅうてんてき》に。

洗《あら》ったあとはしっかりと水《みず》やお湯《ゆ》で流《なが》し、乾《かわ》いたタオルで足《あし》をきれいにふきます。足《あし》の指《ゆび》や爪《つめ》の間《あいだ》に汚《よご》れや湿気《しっけ》が残《のこ》った状態《じょうたい》は細菌《さいきん》の繁殖《はんしょく》につながるので、乾《かわ》いた状態《じょうたい》を保《たも》つことが足《あし》のにおい予防《よぼう》になります。

指《ゆび》の間《あいだ》も
ていねいにっと!

✎ メモ

薬用石《やくようせっ》けん

殺菌《さっきん》、消毒《しょうどく》などの有効成分《ゆうこうせいぶん》が含《ふく》まれているせっけん。

くつを干《ほ》す、くつ下《した》をかえる、サイズの合《あ》ったくつをはくことも、におい防止《ぼうし》になりますよ

Q26 くつや服《ふく》のにおいはどうしたらいい？

A

汗《あせ》を多《おお》くかくスポーツで使《つか》うユニフォームやシューズは、使《つか》う前《まえ》に除菌消臭《じょきんしょうしゅう》スプレーを吹《ふ》きかけておきます。シューズの中敷《なかじ》きは、除菌《じょきん》シートでこまめにふくとよいでしょう。2足《そく》を交代《こうたい》にはくようにするのも効果的《こうかてき》です。普段《ふだん》はいているくつも、同《おな》じようにすればにおいは弱《よわ》くなります。

服《ふく》についたにおいは、**重曹《じゅうそう》**[✎]や漂白剤《ひょうはくざい》を使《つか》ったつけ置《お》き洗《あら》いをしたり、なべに入《い》れて煮沸《しゃふつ》することで、ある程度取《ていどと》り除《のぞ》くことができます。家族《かぞく》に相談《そうだん》しながら試《ため》してみてください。

✎ メモ

重曹《じゅうそう》

化学名《かがくめい》は炭酸水素《たんさんすいそ》ナトリウム。弱《じゃく》アルカリ性《せい》の白《しろ》い粉末《ふんまつ》。皮脂《ひし》を分解《ぶんかい》する働《はたら》きがあり、消臭殺菌効果《しょうしゅうさっきんこうか》や漂白《ひょうはく》効果《こうか》もある。

コラム

食《た》べ物《もの》やストレスでにおいが強《つよ》くなる

◎肉《にく》や動物性脂肪《どうぶつせいしぼう》、ニンニクが多《おお》い食事《しょくじ》は、体内《たいない》でにおいの原因《げんいん》となる物質《ぶっしつ》を作《つく》り、皮脂《ひし》の分泌《ぶんぴつ》も増《ふ》え、においが強《つよ》くなる。野菜《やさい》や魚《さかな》の多《おお》い食《しょく》事《じ》にすると、においは弱《よわ》くなる。また、ストレスを感《かん》じると、独特《どくとく》のにおいが発生《はっせい》することがある。

◎バランスのよい食事《しょくじ》を続《つづ》け、しっかり睡眠《すいみん》をとってストレスをためないような生活《せいかつ》を送《おく》ることが、におい防止《ぼうし》につながる。

くん
くん
最近《さいきん》、くさいって言《い》われなくなったな
努力《どりょく》が実《みの》ったか？
汗《あせ》かいたらすぐふくようにしたら、気《き》にならなくなってきた！
あーやっぱ体育《たいいく》のあとは暑《あつ》い
パタ
パタ
パタ
汗《あせ》びっしょりだ
体臭《たいしゅう》は誰《だれ》にでもあります。自分《じぶん》だけが気《き》にしていることも……
あまり悩《なや》まずにまずは清潔《せいけつ》を心《こころ》がけましょう！

\ 気《き》を付《つ》けよう！ /

購入《こうにゅう》・契約《けいやく》のトラブル

　除毛剤《じょもうざい》の購入《こうにゅう》や脱毛《だつもう》の契約《けいやく》に関《かん》するさまざまなトラブルが起《お》こっています。

　魅力的《みりょくてき》な広告《こうこく》や情報《じょうほう》に接《せっ》すると、すぐに動《うご》き出《だ》したくなるかもしれませんが、あわてないように！　トラブルをさけるためには、落《お》ちついていろいろな情報《じょうほう》を集《あつ》めたり、いくつかの業者《ぎょうしゃ》を比《くら》べたり、家族《かぞく》といっしょによく調《しら》べるようにしましょう。

トラブル例《れい》

SNSを見《み》て買《か》った除毛《じょもう》クリームが定《てい》期《き》購入《こうにゅう》だった。使用《しよう》すると肌《はだ》が荒《あ》れたので解約《かいやく》を申《もう》し出《で》ると、5回購入《かいこうにゅう》が条件《じょうけん》だと断《ことわ》られた。

通販《つうはん》で除毛《じょもう》クリームを購入《こうにゅう》し使《つか》ったら発疹《ほっしん》が出《で》た。医師《いし》から除毛剤《じょもうざい》が原《げん》因《いん》と言《い》われ販売会社《はんばいがいしゃ》に伝《つた》えたが解約《かいやく》に応《おう》じてもらえない。

SNS広告《こうこく》で脱毛《だつもう》のお試《ため》し1,980円《えん》という広《こう》告《こく》を見《み》て、エステティックサロンに出向《でむ》いた。施術後《せじゅつご》、担当者《たんとうしゃ》から「回数《かいすう》が少《すく》ないとあまり効果《こうか》がない」と言《い》われ、全身脱毛《ぜんしんだつもう》30回《かい》コースを勧《すす》められた。高《たか》すぎて払《はら》えないと感《かん》じ、契約《けいやく》はできないと伝《つた》えたが、本日《ほんじつ》限《かぎ》りのお得《とく》なプランだと言《い》われ引《ひ》き留《と》められて、結局契約《けっきょくけいやく》してしまった。

広告《こうこく》や契約時《けいやくじ》の説明《せつめい》などで「通《かよ》い放題《ほうだい》」「期間《きかん》・回数《かいすう》無制《むせい》限《げん》」と言《い》われていたのに、実《じっ》際《さい》にはいつ連絡《れんらく》をしても予約《よやく》が埋《う》まっていて、思《おも》うように施術《せじゅつ》が受《う》けられない。

＊国民生活《こくみんせいかつ》センターに寄《よ》せられた相談《そうだん》より

◎**国民生活《こくみんせいかつ》センター**……消費者《しょうひしゃ》トラブルを解決《かいけつ》することを目的《もくてき》とした国《くに》の機関《きかん》

相談窓口《そうだんまどぐち》

消費者《しょうひしゃ》ホットライン（局番《きょくばん》なし）188

さくいん

医療機関《いりょうきかん》　07, 10, 11, 13, 16

医療脱毛《いりょうだつもう》　10, 11, 13, 15, 16

永久脱毛《えいきゅうだつもう》　10, 11

腋臭症《えきしゅうしょう》　26

SNS《えすえぬえす》　30

エステ脱毛《だつもう》　10

オンライン診療《しんりょう》　16

角質層《かくしつそう》　27

カミソリ　05, 06

契約《けいやく》　14, 30

香害《こうがい》　23

広告《こうこく》　30

香水《こうすい》　23

思春期《ししゅんき》　09, 11, 20

消臭剤《しょうしゅうざい》　23

除毛《じょもう》　06, 07, 30

制汗剤《せいかんざい》　21, 22, 26

剃毛《ていもう》　06

電気《でんき》シェーバー　06, 13

肌《はだ》トラブル　13, 14, 15, 16

パッチテスト　07

バリア機能《きのう》　08

皮脂《ひし》　20, 22, 24, 25, 26, 28

美容《びよう》サロン　10

美容脱毛《びようだつもう》　10, 11, 15, 16

フケ　25

保湿《ほしつ》　06, 15

問診票《もんしんひょう》　12, 14

薬用石《やくようせっ》けん　27

レーザー　07, 11, 13

みなさんへ

顔《かお》や体《からだ》は、ひとりひとりちがいます。見《み》た目《め》について誰《だれ》かと比《くら》べたり、よくわからない情報《じょうほう》にまどわされたりして思《おも》い悩《なや》むより、自分《じぶん》らしさを大切《たいせつ》に！

また、見《み》た目《め》で人《ひと》を判断《はんだん》したり、口《くち》にしたりするのはやめましょう。悪気《わるぎ》がなくても、傷《きず》つく人《ひと》がいることを心《こころ》にとめておいてください。

監修
小西真絢［こにし・まあや］
巣鴨千石皮ふ科 院長／日本皮膚科学会認定 専門医

文
秋山浩子

マンガ・イラスト
藤本たみこ

デザイン
小沼宏之［Gibbon］

美容《びよう》の落《お》とし穴《あな》に注《ちゅう》意《い》！
子《こ》どもの体《たい》毛《もう》ケア・においケア

2024年12月　初版第1刷発行

監修――小西真絢
文――秋山浩子
マンガ・イラスト――藤本たみこ
発行者――三谷光
発行所――株式会社汐文社
〒102-0071 東京都千代田区富士見1-6-1
TEL 03-6862-5200 ｜ FAX 03-6862-5202
https://www.choubunsha.com/
印刷――新星社西川印刷株式会社
製本――東京美術紙工協業組合

ISBN 978-4-8113- 3184-3